T0244047

*Los orígenes ocultos de la
Semana Santa andaluza*

MIGUEL ÁNGEL MARTÍNEZ POZO

Los orígenes ocultos de la Semana Santa andaluza

ℙ

ALMUZARA

Editorial Almuzara • Colección Andalucía
Director editorial: Antonio Cuesta
Editora: Rosa García Perea
Maquetación: Miguel Andréu

www.editorialalmuzara.com
pedidos@almuzaralibros.com - info@almuzaralibros.com

Editorial Almuzara
Parque Logístico de Córdoba. Ctra. Palma del Río, km 4
C/8, Nave L2, nº 3. 14005 - Córdoba

Imprime: Gráficas La Paz
ISBN: 978-84-10520-94-3
Depósito: CO-55-2024
Hecho e impreso en España - *Made and printed in Spain*

Índice

Lo querían matar
los iguales
porque era distinto.

Si veis un pájaro distinto,
tiradlo;
si veis un monte distinto,
caedlo;
si veis un camino distinto,
cortadlo;
si veis una rosa distinta,
deshojadla;
si veis un río distinto,
cegadlo…;
si veis un hombre distinto,
matadlo (…)

Juan Ramón Jiménez
Poeta andaluz
Premio Nobel de Literatura

A todos mis maestros y maestras
que me han mostrado el camino
para tener un pensamiento
crítico y reflexivo.

PRÓLOGO

LAS DOS VERDADES

Todo es verdad a los ojos de un niño. Los míos aprendieron a mirar en las aulas de un colegio al que todavía llamamos el convento porque un día lo fue. No sólo en su nombre quedan trazas de su pasado. También en la salve que nos hacían cantar cada mañana, en el talco que nos arrojábamos a la cabeza los miércoles de ceniza, o en el padrenuestro que rezábamos cuando sonaba la campana de salida. Pero hay un recuerdo que jamás olvidaremos los niños y niñas del convento, porque se nos quedó tatuado en los sentidos y nos eriza la piel cada vez que alguien lo evoca. Por Semana Santa y por Mayo nos tocaba custodiar las imágenes en la capilla. Se nos encomendaba subir por parejas, prender las velas, y permanecer en penumbra junto al Santo Entierro, Jesús el Nazareno o la Virgen María hasta que repicaba a misa de ocho. Debo confesar que sentía miedo. Era tal el realismo de sus tallas que me sugestionaba creer que se movían, que sangraban, que lloraban.

Una tarde llegaron unas mujeres del pueblo para desvestir a la Virgen, mudar sus ropas y adecentar el palio. Se subieron a una escalera y poco a poco la fueron desnudando ante nuestros ojos. Reconozco que sentía escalofríos de pudor. Jamás había visto a una mujer desnuda, ni siquiera en escultura, y me veía preso entre el pecado y la curiosidad, quieto, mudo, expectante,

13

cerrando y abriendo los ojos, queriendo y no queriendo aceptar que la primera sería la mismísima Virgen María. De pronto, tras la arrebatadora belleza de porcelana, afloró un polisón de alambres, pilares de palo, y un armazón de hierro para el alzacola. Sentí alivio más decepción. No estaba pecando. No era un hereje. La Virgen María no era una mujer de verdad. A continuación, aquellas mujeres cubrieron la estructura del cuerpo con bellísimos bordados, un manto de pedrería, la cara con un rostrillo blanco y, como si fuera un milagro, se nos apareció de nuevo más viva y guapa que nunca.

Esta anécdota sintetiza el libro que tiene en las manos. La Semana Santa andaluza está cosida a la primera luna llena de primavera por un cordón de luz y vida. Sus vírgenes son madres y novias a la vez, amadas incondicionalmente por los amantes que las siguen por las calles, les cantan desde sus balcones, las atavían en sus tronos, las lloran en sus capillas y las mecen en sus ojos. Pero bajo esta explosión de vitalidad y belleza, se esconde una estructura fría que también forma parte de su verdad. Miguel Ángel Martínez Pozo desviste la Semana Santa de Andalucía en este ensayo para que conozcamos sus entrañas mestizas, conversas, milenarias, paganas, perseguidas, malditas, esas que no se ven pero que forman parte de nuestra memoria, y que sobreviven en cada paso gracias a este pueblo que ha hecho del sincretismo su seña identitaria. Conocer esa verdad oculta sólo duplica la verdad que ya conocíamos. No la niega. No la impugna. La complementa con la misma devoción que el barroco ocupa el espacio vacío.

A tal fin, Martínez Pozo utiliza una metodología holística, integral. Acude a las herramientas de la historia, la memoria, la antropología o la sociología, para acometer esta ardua tarea de encontrar la verdad remota que sustenta la verdad presente, la verdad invisible que sostiene la verdad aparente. Y ambas son tan verdad como la que invadió mis ojos de niño cuando contemplé el amasijo clandestino que mantenía viva a la Virgen.

Sólo les ruego que lo lean desde el mismo respeto que guardo a quienes no entienden esta caligrafía de alamares, ánforas, arbotantes, bambalinas, candelerías, ciriales, diademas, marchas, morilleras, rostrillos, sayas, incienso y azahares que se queda suspendida en el aire en una madrugá, porque son incapaces de sentirla. Igual que respeto a los que creen y a los que no creen. Pero no entiendo a los que no respetan. A quienes odian en nombre de un Dios que ama.

"Yo te quiero más que a Dios. Jesús, qué palabras he dicho que yo merezco la Inquisición". Como esta soleá de Triana, amo más que a Dios el perfume de esta primavera divina que se vive en Andalucía y no merezco, no merecemos, más que el respeto de los que entienden porque sienten, porque sentimos. El fundamentalismo que desprecia al que respeta carece de fundamento. El fundamentalismo que desprecia al que ama carece de fundamento. En verdad, todo fundamentalismo carece de fundamento.

Tan verdad como la que duerme en los ojos de un niño.

Antonio Manuel Rodríguez Ramos
Profesor Derecho Civil UCO. Coordinador Laboratorio Jurídico sobre Desahucios de la Universidad de Córdoba. Vicepresidente Federación Ateneos de Andalucía. Patrono de la Fundación Blas Infante. Escritor y activista.

ANDALUCÍA.
ENCRUCIJADA DE CULTURAS

LA RELIGIOSIDAD POPULAR ANDALUZA Y SU CONDICIÓN PLURIDIMENSIONAL

La jerarquía eclesiástica, desde siempre quiso controlar la religiosidad popular pues, ya durante el reinado de Fernando III el Santo y después con su hijo Alfonso X, se escribieron Ordenanzas, leyes y mandatos regios sobre las prácticas religiosas. El rey Enrique IV ordenó la prohibición de las Cofradías castellanas que no fueran provechosas a sus reinos, y la dilapidación de la verdad religiosa y la falta de moralidad en las prácticas de las cofradías castellanas de la Edad Media aparecen como tema espinoso en los Consejos del Reino (Rodríguez, 2018).

La religiosidad popular es una fusión de múltiples elementos de procedencias diversas. Son ritos y creencias cuyos orígenes son desconocidos o bien no interesa que salgan a la luz para seguir dentro de un marco místico y misterioso y, por consiguiente, también son la pervivencia de ritos paganos que son negados evitando su conocimiento por la propia Iglesia para que el pueblo nunca pueda pensar por sí mismo. Reflexionar. Ser críticos. Pero lo que nadie puede dudar es que es donde el pueblo se acerca o se relaciona, a su manera, con sus seres superiores.

La jerarquía eclesiástica, a veces, no comprende que es el sentir del pueblo y han tendido, a lo largo de la historia, a intervenir para convertir algunos ritos en marginales con el fin de que sea la propia juventud quien prescinda de ellos por no llegar a sentirse ya parte del ritual, suponiendo una pérdida de riqueza de la propia manera de vivir la religiosidad pero envolviendo en sí el triunfo de la Iglesia frente a los restos paganos que habían sobrevivido. Y es que, el cristianismo ha conservado en sí ritos y mitos de otras religiones pero sincretizándolos hasta darles sentido de acuerdo a sus creencias y prácticas.

Para ello, primero evangeliza dejando o, más bien, tolerando los antiguos rituales; después los despoja de sus significados primitivos e intenta dotarlos de otros nuevos para, más tarde, denunciarlos por ser heterodoxos o no entrar dentro de las explicaciones que, según ellos, consideran lógicas. Un juego continuo de control y adoctrinamiento social que ha dado sus frutos pero que, no por ello, consiguieron aniquilar con su memoria e identidad. De acuerdo con José Luis Alonso (2022):

> La religiosidad popular se basa en la fe absoluta y total, en la entrega del individuo a los preceptos de su advocación, y en la práctica de los rituales que el grupo tiene interiorizados según le han sido transmitidos. La religiosidad popular funciona, desde el punto de vista religioso y cultural, con los mismos presupuestos que la religiosidad oficial. Su éxito se ha basado en representar para el individuo una relación con la divinidad, más directa y satisfactoria, porque, en cierta medida, puede prescindir de intermediarios humanos y, cuando los tiene, procura controlarlos y tenerlos al servicio de sus intereses. Se trata de la eterna lucha de las cofradías por mantener parámetros de libertad, aunque dentro de la Iglesia, y de la jerarquía eclesiástica por mantener un control.

Luis Maldonado intentó diferenciar la influencia pagana explicando que la muerte de Cristo era producida dentro de un tiempo real y no del tiempo mítico en que se desarrollaban las creencias religiosas precristianas.

El plenilunio de primavera, como todo plenilunio, es la exaltación del equilibrio entre la luz y las tinieblas; el día tiene las mismas horas de luz que de oscuridad y el cosmos arropa los ritos de los hombres en su relación con Dios. La base está en el calendario de los pastores judíos, que celebraban la fiesta en este momento, al que se superpone la Pascua como recuerdo de la liberación de la esclavitud de Egipto, ayudados por el ángel y protegidos por la sangre del cordero, que señalaba su alianza con Yahvé.

El nuevo Cordero Pascual, Cristo, como Hijo de Dios, salvará la humanidad, pero dentro de un tiempo cósmico e histórico a la vez. Cósmico porque su muerte se produce en el plenilunio de primavera; histórico porque sucede en un lugar, Jerusalén, siendo gobernador romano Poncio Pilato (Alonso, 2022).

Lo que está claro es que la religión no deja de ser un componente más de las culturas y sociedades que la envuelven y, aun siendo la misma doctrina, sus diferencias radican fundamentalmente en sus condiciones medioambientales pero también socioeconómicas, sus aconteceres históricos y las sociedades en las que se asientan, pudiendo afectar incluso a la base de toda concepción doctrinal.

La religiosidad popular es un conjunto heterogéneo de prácticas, creencias y memorias manifestadas periódicamente de forma colectiva con una serie de ritos de autoafirmación grupal, en el que además de lo trascendente juegan un papel central sus funcionalidades culturales; tradición, identidad, alteración del orden o legitimidad del poder. En ella cabe la espontaneidad y sus innovaciones no están regladas por las autoridades católicas, sino por el canon de tradición consensuado por la comunidad en el presente. Supone un modelo diferenciado de la religiosidad popular oficial, al situar el centro del culto, no en los dogmas, sino en rituales en torno a imágenes que sintetizan anhelos colectivos. En sus prácticas, los escalafones jerárquicos pueden diluirse y se confunde el rol de actor y de espectador. Representa el principal modelo de socialización e identificación colectiva de la Andalucía contemporánea (Rina, 2020).

La Semana Santa andaluza tiene una condición pluridimensional que va desde su carácter histórico, religioso, teatral, mágico, misterioso y místico hasta lo creativo, social y la pertenencia a una comunidad. Pero también es una metáfora de la victoria de la vida sobre la muerte, la eterna lucha hispana entre el bien y el mal o la dicotomía entre la salvación y el pecado. Está cargada de simbolismos, vivencias, recuerdos familiares, estéticas historicistas así como aspiraciones sociales donde las élites locales han luchado por los cargos directivos de las cofradías existiendo rivalidades a su vez entre unas y otras, donde las imágenes son personificadas e individualizadas convirtiéndose en señal de identidad de quienes le rinden culto. Y los fieles no son nada oficialistas. Se saltan las pautas marcadas por las jerarquías eclesiásticas y las imágenes, más que cualquier abstracción, desatan sus sentimientos, su sentido fervor; desde los llantos y lamentos hasta el entusiasmo bullicioso sin olvidar los encendidos piropos hacia sus Vírgenes. A veces ciertamente descontrolados pero mayoritariamente excesivos y superficiales como si se tuviera que demostrar algo públicamente (Moreno, 1986).

EL ANDALUZ UNIDO A SU SEMANA SANTA

Andalucía está íntimamente ligada a su Semana Santa. Gustavo Adolfo Bécquer, en el siglo XIX, escribió un artículo en el que trazaba una comparación entre la Semana Santa de Toledo y la de Sevilla. Mientras que la castellana la consideraba sobria y austera, conservándose de manera más fiel la tradición cristiana, la sevillana la percibía con una mezcla de fervor y paganismo. Y es que la Semana Santa andaluza es todo sensualidad, luz y color, estética pero también arte, hasta tal punto que dulcifica el dolor mediante la belleza. Andalucía es única y claramente diferente a Castilla. Como señala Isidoro Moreno (1986), aunque ambas formas de celebrar la Pasión (la castellana y la andaluza) responden a las mismas creencias, son muy diferentes entre sí, pues en Andalucía se festeja el resurgir de la naturaleza, el triunfo de la vida y, en cambio, más al norte, todavía no ha estallado la primavera en todo su esplendor y, en consecuencia, se da más importancia a la ritualización de la muerte.

Pero Andalucía es, por encima de todo, tierra de María Santísima, ya que la presencia de la Virgen María en el contexto cultural y religioso es muy notoria. Es cierto que el marianismo no es un fenómeno solamente andaluz ya que su devoción, bajo diferentes advocaciones, nos lo encontramos en toda la península ibérica, pero sí su íntima presencia y relación con sus ciudadanos le hace diferente. Los andaluces se acercan a María en todos los momentos de su vida, desde los felices hasta los más angustiosos y críticos; desde el nacimiento de un hijo hasta la defunción de un ser querido. La Virgen María se convierte así en la Madre de todos los andaluces (Martínez, 2021).

Tal y como expone César Rina (2020) «en la religiosidad popular andaluza, la Virgen es un ser viviente, que pasea, visita, actúa o sale en procesión. Es ella la que lo hace, no el grupo que la celebra. Ella es la protagonista y se le conmemora a través del rito, no estrictamente de fe». Atendiendo al historiador y cronista oficial de la Semana Santa de Granada, David García Trigueros (2021):

> La piedad popular ha sido una herramienta fundamental para la transmisión de la fe en la sociedad cristiana desde la noche de los tiempos. La piedad y religiosidad populares, asimismo, han tenido en la figura de la Virgen un modo extraordinario de expresión. Como Madre de Cristo, María ha tenido una singular importancia en la fe de la Iglesia y el papel que ha ocupado dentro de la teología no siempre ha sido el mismo ni ha tenido la misma profundidad. Sin embargo, las manifestaciones populares ayudaron a consolidar parte del pensamiento que luego esgrimieron pensadores, teólogos, doctores e incluso

padres de la Iglesia. Recíprocamente, la necesidad de hacer propios los misterios de los que hablaba la teología, así como las consideraciones que se extraían de los distintos concilios, determinaba la necesidad de que el pueblo recibiera a María bajo un título o advocación distintos, considerando en cada uno de ellos un aspecto diferente de su vida e incluso un papel determinado dentro de la Historia de la Salvación.

No podemos olvidar que la Semana Santa ha poseído sus propios altibajos dentro de Andalucía. A modo de ejemplo, su celebración en Granada a principios del siglo XX por las calles era casi residual al igual que ocurría en Córdoba y, por entonces, debido a una serie de circunstancias, fue perseguida por la Iglesia para eliminarla. Pero, aun así, aun reinventándose como espectáculo identitario y turístico, subsistió porque el pasado nunca pasa, es detenido por la propia memoria apropiándose de él y, si somos memoria, lo cual somos, también somos pasado, siéndolo para siempre.

> El pasado está en todas partes. A nuestro alrededor encontramos formas que, al igual que nosotros y nuestros pensamientos, tienen antecedentes más o menos reconocibles. Reliquias, historias y recuerdos cubren la experiencia humana. A la larga, todas las huellas particulares del pasado acaban pereciendo; sin embargo, si las consideramos de forma conjunta son inmortales. Da igual si lo celebramos o lo rechazamos, si le prestamos atención o lo ignoramos; el pasado se encuentra omnipresente (Lowenthal, 1998).

EL PUEBLO DONDE NACÍ

El pueblo andaluz, a pesar de haber sido luz y faro durante el medievo y cuna del primer renacimiento, tras la toma de

Granada, no tuvo más remedio que sobrevivir en aquella transformación de la sociedad donde existió, sin la menor duda, un sincretismo entre los nuevos pobladores y los que pudieron escapar de las manos inquisitoriales, «*andaluzando* a éstos y haciendo que los demás comprendieran también la diferencia y la pervivencia de lo andaluz» tal y como expone Manuel Clavero en su obra *El ser andaluz* (2006). Sin embargo, es evidente que, a pesar de esta castellanización humana, religiosa, idiomática, institucional, mucho sobrevivió de lo anterior. Desde los comienzos de la Andalucía moderna se nos aparece ya con unos caracteres propios claramente diferenciados del resto de España (Domínguez, 1981).

Y es que, la personalidad del andaluz es mostrada a través de su cultura popular; de su folklore. Andalucía tiene la virtud de incorporar de manera directa la cultura griega, la romana, la islámica y la semita. Es un pueblo que no se cierra a sí mismo queriendo ser únicos. Todo lo contrario. Se abre a los demás siendo admirado e incluso convirtiendo parte de su cultura en Patrimonio de la Humanidad como es el caso del flamenco. «Lo andaluz es un universalismo localizado en un territorio situado en una encrucijada única y excepcional y vivido por un pueblo conformado históricamente en una manera singular por la posición de ese territorio» (Clavero, 2006). El andaluz ha vivido bajo el prejuicio creado por la homogeneización hispana. Por el vencedor frente al vencido. Por la uniformidad impuesta por la nación española desde los Reyes Católicos donde *lo castellano* se convertiría en modelo regio, y por ende en el modelo de la normalidad, de moral, incluso de sacralidad, dado que el rey es un mandatario del poder divino (Martínez, 2021).

Me gustaría que se pusieran en la piel del vencido. De *el otro*. Tras el comienzo de su persecución por parte de los vencedores, en un principio, el pueblo andaluz tuvo que superar muchas situaciones de padecimiento cerrando heridas y convirtiendo su grito desgarrador de llanto en silencio o en una máscara que ocultase su verdadero ser; en un aparentar lo que verdaderamente no eran. Y, con el tiempo, sus generaciones sufrieron, ni más ni menos, que una amnesia colectiva donde tuvieron que olvidar la propia historia de sus vidas, quedándose sin memoria autobiográfica, lo que supuso quedarse sin biografía. Sin saber quiénes eran. Una mirada a su interior totalmente aterradora. Es, en ese momento, cuando Andalucía pasó de ser, en España, la más civilizada a su decaimiento fruto de la historia y no de la naturaleza, tal y como expone Blas Infante en su libro *El origen de lo flamenco y secreto del cante jondo*. Una decadencia que el padre de la patria andaluza refleja en la figura del jornalero andaluz; en los pueblos rurales integrados por los moriscos sumisos de conversión anterior y lejana a la época de cristianos viejos; por los moriscos que regresaron de la forzosa emigración, refugiándose en tierras y campos. Campesinos sin campos. Los flamencos.

Pero, sin ser conscientes de su pasado, renegando de sus orígenes para no ser perseguidos, aquella amnesia colectiva hizo que muchos tuvieran una pérdida total de conocimiento de quienes fueron para mantenerse entre las élites locales, para formar parte del propio clero y, por consiguiente, de la Iglesia o para no perder ciertos privilegios que poseían o incluso su propio campo pero, la mayoría, mantuvieron inconscientemente su «yo» y este muy ligado a la «historia» de sus experiencias pasadas, de sus propios recuerdos, pudiendo crear y construir quiénes somos, y cómo somos, nos ha llevado a hacer lo que hemos hecho y lo que hacemos a día de hoy. Tuvieron la capacidad de convertir su memoria en recuerdos, de transmitirlos a sus generaciones venideras mimetizándolos dentro de una sociedad que buscaba la uniformidad por encima de todo y, además, crear nuestra propia identidad como pueblo teniendo como base el trauma, el sufrimiento, el dolor, la angustia y la desesperación. Blas Infante, el padre de la patria andaluza, en su libro *El Ideal Andaluz*, nos hace reflexionar sobre las cualidades de lo que denomina «el genio andaluz» de la siguiente manera:

> Su fondo está constituido por el optimismo, que pudiéramos decir griego, resultante de una más o menos definida concepción del verdadero Ideal Humano, que al presentar la vida como sustantividad libre, como medio imprescindible de perfección eterna que la misma Vida ha de crear en la Vida, por amor a su propia Gloria, y no

como tránsito de muerte, o como pena o prueba de purificación, eleva la consciencia de la propia dignidad y satura el Espíritu con la esencia bendita de santa e intensa alegría de vivir.

Y así es el pueblo donde nací. Optimista por encima de todo. Resiliente. Lleno de cicatrices y heridas. Renunciaron a su fe convirtiéndose al cristianismo para sobrevivir y aceptaron las normas impuestas por tal de pervivir. Atendiendo a Antonio Manuel Rodríguez (2010):

> Nadie podrá medir jamás el grado de renuncia íntima que supuso para un converso someterse a esta vejatoria disciplina. Ya era dura aceptar una religión que ordenaba realizar lo que Allah prohibía. Desde tomar vino a comer cerdo, pasando por adorar imágenes, caminar detrás de ellas o practicar el «rito asquerosamente antropófago, en el que se comían descaradamente la carne de Dios hecho hombre —monstruosidad impensable en cualquier sociedad civilizada— además de beber su sangre simbolizada por una bebida alcohólica prohibida por el mismísimo Dios» (Rodrigo de Zayas). Y, aún así, tragaron. Aceptaron lo teológicamente incomprensible.

En la actualidad, Andalucía y su cultura sería inconcebible comprenderlas sin tener en cuenta el fenómeno religioso, estando implícito dentro de su sociedad a través de las diferentes manifestaciones donde el pueblo participa de manera masiva. Romerías, Fiestas Patronales, Corpus Christi, Moros y Cristianos así como la Semana Santa son expresiones identitarias. Pero, a pesar de lo especial que es nuestra Semana Santa, a lo largo de la historia, nos hemos encontrado con un gran problema. Las experiencias y opiniones heterodoxas, las investigaciones que no han sido secuestradas por la interpretación ortodoxa de los rituales han contado, y más en Andalucía, siempre con una gran desigualdad pues, tal y como apunta César Rina (2020), las que se apropian del beneplácito de la tradición y la religión cuentan con plataformas mediáticas que las ridiculizan o las ignoran.

No esperen encontrar en este ensayo un estudio minucioso sobre la Semana Santa desde finales de la Edad Moderna hasta nuestros días, pues no es mi intención escribir al respecto, ya que existen verdaderas obras e investigaciones que ya lo han hecho, indagando desde un punto de vista localista en los pormenores y evolución de las distintas hermandades y cofradías. A través de las páginas de este ensayo nos sumergiremos en los comienzos de los acontecimientos para ser conscientes y para que nos muestren los orígenes de aspectos que a simple vista no se ven y que, algunos de ellos, están cargados de prejuicios que nos han ido introduciendo desde nuestra niñez o de hechos que, impuestos, debíamos asimilar, acatar y aceptar sin un mero juicio crítico y constructivo por nuestra parte. Debemos admitir que, gran parte de los orígenes de lo que a día de hoy somos, es fruto de la memoria, de la huella de aquellos que llenaron de lágrimas las noches de sus días desgarrándosele el corazón de impotencia, de resiliencia para poder sobrevivir. Porque un pueblo se forja por los vencedores (que son quienes dejan por escrito el acontecer histórico de acuerdo a sus intereses), pero también por los vencidos que deciden quedarse. En ese constructo, se ha ido fraguando nuestra identidad, entre lo que se sabía y lo que se escondía, entre lo que se plasmaba en documento y lo que se transmitía, entre lo que se exigía y lo que se sentía o aparentaba, calando hasta las entrañas dentro de nuestras propias vidas: de nuestra propia sociedad. Se pretende pues, tener nuevas bases interpretativas que, por supuesto, conllevan una ardua tarea pero, a su vez, muy enriquecedora pues, no me cabe la menor duda que aportarán diversas ópticas que ayudarán a futuras investigaciones. Y, desde ese prisma, no me quedaba otra que apostar por redactar lo que tienen entre sus manos para construir, para reflexionar, para encajar aquellas piezas que, doy por seguro, nos harán conocer más quiénes somos y darán sentido a la proyección del pasado en nuestro presente y futuro dentro de este mundo cada vez más globalizador. Porque no todo se sabe. Tal y como expone Emilio González Ferrín (2023):

No creemos el bulo de eso ya se sabe, porque la humildad interpretativa es la mejor consejera a la hora de verter sospechas —lo que, al cabo, hace el historiador—. Reconozcamos, así, que no se comprende un pueblo a través de las fuentes documentales. Porque no se escribe exactamente cuanto se vive, y porque la mayor parte de lo que se escribe se pierde o se hace para ofrecer una idea determinada. No necesariamente la verdad.

Y es que nos encontramos con celebraciones poliédricas donde en suelo andaluz poseen una riqueza infinita que nos hace diferentes sin saber por qué. Quizás ese por qué ahonda sus raíces en huellas de nuestro pasado que no queremos aceptar, que no queremos saber o bien que no queremos oír. Tal vez, es ahí donde está lo que nos distingue, nos singulariza convirtiéndose nuevamente lo andaluz en universal. Único. Diferente.

EL SINCRETISMO RELIGIOSO

JESÚS, EL NAZARENO. NACIMIENTO Y COMIENZOS DEL CRISTIANISMO

Allá por el año 30, un día de Pentecostés en Jerusalén, estando reunidos con ocasión de la fiesta peregrinos judíos, Pedro proclama:

> Jesús el nazareno, ese hombre que Dios ha acreditado ante vosotros con milagros, prodigios y signos realizados por él en medio de vosotros (…), lo prendisteis y lo hicisteis morir crucificándolo por mano de los impíos, pero Dios lo ha resucitado (…). Todos nosotros somos testigos de ello. Y ahora, exaltado por la diestra de Dios, ha recibido del Padre del Espíritu Santo, objeto de la promesa, y lo ha derramado (…). Dios lo ha hecho Señor y Cristo (Hch 2, 22s.).

En aquel momento, los oyentes preguntaron qué debían hacer, a lo que Pedro respondió:

> Arrepentíos y que cada uno de vosotros se haga bautizar en el nombre de Jesucristo para el perdón de sus pecados y recibiréis entonces el don del Espíritu Santo.

Tras el bautismo, nació la Iglesia. Una secta que se les denominaría como «los nazarenos» dentro del judaísmo y en medio de otras muchas como los fariseos, saduceos o zelotes. Y, a aquellos judíos de cultura aramea se añadieron pronto, en la comunidad, otros judíos de cultura griega, los helenistas. Fue, en Antioquía, donde los discípulos de Jesús, recibieron el nombre de «cristianos» para distinguirlos de otros grupos religiosos y es este lugar el que se convierte en el punto de partida de la evangelización del imperio romano.

PABLO DE TARSO. PRIMER PREDICADOR DEL EVANGELIO

Nace la figura de Pablo de Tarso considerado el primer predicador del Evangelio. Constituido como figura eminente de la expansión del cristianismo en el Imperio romano fue misionero emprendiendo cuatro viajes.

> Hacia el año 54, al final de su tercer viaje misional, Pablo, desde Corintio, escribe su tratado teológico en forma de carta, para ser enviado a varios lugares, no sólo a Roma. Pablo tiene el proyecto de viajar a Jerusalén para entregar la colecta de los paganos-cristianos y terminar su misión en Oriente. Después quiere ir a Roma y llevar desde allí la misión hasta España «y como hace muchos años que siento muchas ganas de haceros una visita, de paso para España… Concluido este asunto y entregado el producto de la colecta, saldré para España pasando por vuestra ciudad» (15.23.29). Por otra parte, algunos documentos antiguos como la Carta primera a los de Corintio de san Clemente abonan su venida (Sánchez, 2008).

Las concepciones teológicas del cristianismo primitivo pero, especialmente del paulinismo el cual se insertaba en un ambiente judío total pero profundamente helenizado, están íntimamente relacionadas con las religiones paganas existentes en el Mediterráneo oriental de los siglos I al III de nuestra era. Un ambiente misteriosófico donde Pablo de Tarso vio los ingredientes perfectos para la atracción de nuevos conversos para su sistema de salvación ante la muerte que conectaba sin fisuras con la necesidad de muchos ciudadanos del Imperio donde se debía confirmar «la inmortalidad del alma individual y la superación de trabas para su realización, un sistema que defendía, como base de su espiritualidad, la unión con el Mesías/Salvador con base en una noción estoica del cuerpo místico compuesto por el Mesías y sus creyentes, y de su idea de la eucaristía como fusión profunda y simbólica con el Salvador. Y añadía que la participación del fiel mediante el rito del bautismo, en la peripecia vital de Jesús como entidad salvadora, ya divina tras su resurrección, garantizaba su salvación eterna. El bautismo representaba ya en vida la muerte al Mal (el Pecado) y la resurrección a una vida perdurable y feliz» (Piñero, A. 2023).

Pero, es más, el pueblo en sí vio en el cristianismo una manera de acercarse a los cultos mistéricos en la que todos tenían cabida, tanto ricos como pobres, donde la Iglesia, a partir de un corpus textual, lo convertía en una creencia sin cultos de carácter elitista como existía en algunos rituales paganos diferenciados en clases sociales. La única exigencia que existía era creer en Cristo. Es, por ese motivo, por el que la doctrina de Jesús resultaba atractiva sobre todo para los pobres y los humildes; hecho que se sumó al empeoramiento de las condiciones económicas del imperio favoreciéndose notablemente el número de conversos al cristianismo que predicaba la beneficencia cristiana, la limosna y el amor al prójimo.

Pablo de Tarso utilizó para transmitir su doctrina su propia espiritualidad imbuida en los misterios ya existentes que ya él de por sí conocía a la perfección puesto que vivía dentro de esa sociedad. Estos hechos se reflejan perfectamente en tres aspectos concretos que poseen gran semejanza con cultos mistéricos: la cena del Señor, el bautismo y la participación en los sufrimientos del Mesías (Segura, 2023).

La presentación de Jesús como salvador individual que opera a través de su propio sufrimiento y de su propia muerte es un elemento que, genéricamente, tiene obvios paralelos en la religiosidad pagana contemporánea, y particularmente en los cultos mistéricos del entorno helénico, arameo, egipcio, iránico, babilónico y Asia Menor. Todas estas modalidades de soteriología individualista habían confluido en la figura-tipo del personaje divino que muere, vuelve a la vida y hace partícipes a sus devotos de su victoria sobre la muerte. Puede hablarse de una misteriosofía genérica que extiende su influencia más allá del ámbito de los cultos particulares, siendo discernible en la literatura y aun en el lenguaje corriente. No hace falta más para situar al cristianismo en su lenguaje específico.

Los primeros teólogos cristianos supieron captar la tensión soteriológica del entorno religioso de las ciudades del Imperio Romano y adaptaron a este vector las categorías judaicas de la mesianidad. No son discernibles en la soteriología cristiandad ingredientes procedentes de ningún culto mistérico en particular pero, reducido a sus términos más elementales, el tema (la semejanza de las religiones mistéricas y el cristianismo) adquiere solidez y cumple de sobra su cometido, que es ofrecer una característica del cristianismo primitivo absolutamente irreductible a su adscripción al judaísmo (Montserrat, 1991).

El objetivo en sí era legitimar la verdad en la que se creía y, por entonces, es cuando se comenzaron a forjar las Escrituras cristianas o, lo que hoy llamamos, Nuevo Testamento. Son recogidas las cartas de Pablo. Los Evangelios adquirieron su forma definitiva. Todavía se necesitaría mucho tiempo para que las comunidades se pusieran de acuerdo sobre qué libros se considerarían sus reglas de fe pero, estaba claro que, a finales del siglo I, el cristianismo comenzó a utilizar las estructuras propias que les ofrecía el Imperio romano y hasta sus propios rituales adaptándolos a una nueva religión que se estaba forjando.

Las celebraciones litúrgicas de Semana Santa, que se realizarían de manera discreta y recogida, comenzaron a realizarse y, si bien las Iglesias de Oriente las hacían siguiendo el calendario lunar judío para que el Domingo de Resurrección coincidiera con el 14 del mes de Nisán, independientemente del día de la semana en que cayese siendo establecida esta costumbre por Policarpio, obispo de Esmirna quien había sido discípulo de Juan el Apóstol, en Occidente, la costumbre fue celebrar la Pascua del Señor el primer domingo después del Pesaj para que no coincidiera con la festividad judía y así evitar confusiones entre ambos credos siguiendo la práctica de los apóstoles Pedro y Pablo (VV.OO., 2020).

ISIS. LA REINA DE LOS CIELOS

Lo que debemos tener claro es que la religión y las religiones siguen teniendo y tuvieron un peso importantísimo en las sociedades formando componentes destacados de la cultura, de las señas de identidad tanto a nivel individual como colectivo. Y lo que está claramente aceptado es que la Iglesia primitiva adquirió y asimiló gran parte de rituales festivos paganos con el fin de convertir a la sociedad en la que se envolvía. Pongamos algún ejemplo.

En el Egipto Antiguo se creía que Isis, la virgen Reina de los Cielos, quedaba embarazada en el mes de marzo y daba a luz a su hijo Horus a finales de diciembre. El dios Horus, hijo de Osiris e Isis, era el «gran subyugador del mundo», el que es la «substancia de su padre», Osiris, de quien era una encarnación. Fue concebida milagrosamente por Isis cuando el dios Osiris, su esposo, ya había sido muerto y despedazado por su hermano Seth o Tifón. Era una divinidad casta —sin amores— al igual que Apolo, y su papel entre los humanos estaba relacionado con el Juicio ya que presentaba las almas a su padre, el Juez (...). Horus tenía doce discípulos; realizaba milagros (...) era considerado como «el camino», «la verdad», «la luz», «el salvador», «el hijo ungido de Dios», «el buen pastor», etc.; fue enterrado y resucitó (Domene, 2010).

Isis solía aparecer sentada en un trono y con Horus sobre sus piernas que, a su vez, servían como trono y, si aparecía de pie, solía llevar el jeroglífico del trono coronando su cabeza. Isis era virgen, como Ishtar y Venus, diosa de la fecundidad, de la maternidad, fuente de vida y, por encima de todo, Reina tal y como expuso en el siglo II Lucio Apuleyo:

> Yo soy la naturaleza, la madre universal, dueña de todos los elementos, hija primordial del tiempo, soberana de todas las cosas espirituales, reina de los muertos, reina también de los inmortales, la manifestación única de todos los dioses y diosas que existen. Yo soy adorada por el Universo entero bajo diversas formas, con distintas ceremonias, con mil nombres diferentes. Los frigios, los primeros nacidos en la Tierra, me llaman la Diosa Madre de Pessinonte; los atenienses autóctonos me denominan Minerva la Crecopiana; para los habitantes de la isla de Chipre soy Venus de Pafos; entre los cretenses armados con el arco, soy Diana Dictynna; entre los sicilianos que hablan tres lenguas, Proserpina la Estigia; entre los habitantes de Eleusis, la antigua Ceres. Unos me llaman Juno, otros Bellone; estos Hécate, y aquellos, Diosa de Rahmonte. Pero los primeros que son iluminados por los rayos del sol naciente, los pueblos de Etiopía, de Asia, y los egipcios poderosos por su antiguo saber, me rinden mi verdadero culto y me llaman por mi verdadero nombre: la Reina Isis (cit. Hernández, 2018).

Su culto fue extendido por todo el mundo helénico tras la invasión de los griegos de Egipto y, posteriormente, los romanos lo adoptaron.

Alrededor del culto, se celebraban en su honor procesiones, iluminando el camino con velas para que la diosa pudiera encontrar a su esposo muerto y descuartizado. Los devotos cantaban al paso de Isis, llorando primero por la muerte de

Osiris y festejando su resurrección después. Pero, con el tiempo, dicho ritual fue prohibido, coincidiendo en el momento con la oficialización del cristianismo (Hernández, 2018).

EL CULTO A DIONISOS

En la mitología grecolatina el mes sagrado a Dionisos comenzaba el 24 de diciembre. El culto a Dionisos se repartía en 4 grandes festividades; celebrándose las dos primeras en el solsticio de invierno fundamentadas en la fertilidad/prosperidad, y las dos últimas tenían lugar en la primavera y festejaban la resurrección de la naturaleza. El ciclo dionisiaco es el mismo que muchos siglos después adoptara el cristianismo al situar la Navidad en el solsticio de invierno y la Pascua de la Resurrección en la primavera. Durante la fiesta del dios Dionisos, se dramatizaba algunos pasajes de su trayectoria vital, en la que él mismo fue despedazado y comido, siendo su sangre vertida para generar vida. Debían participar en un banquete ritual en el que se ingería la carne y la sangre de la divinidad como una forma de conexión religiosa. En la Antigüedad, eran carne y sangre de víctimas sacrificadas que representaban el despedazamiento de Dionisos a mano de los titanes. En el cristianismo, la misa evoca el sacrificio que se presume definitivo: el del mismo Dios que se entrega de forma humana, como un chivo expiatorio, para limpiar la deuda (culpa, pecado) que traemos desde el nacimiento en nuestra condición de mortales. Desde un punto de vista místico, el vino es símil de la sangre, donde podemos restaurar el orden sagrado momentáneamente para, una vez purificados y habiendo presentido la plenitud de la conexión con lo santo gracias al ritual, volver a nuestra profana y empobrecida condición de mortales.

EL MITO DE ATIS

Hubo un mito cuya fiesta se extendió a lo largo y ancho de todo el Imperio pero que tuvo especial importancia en lo que fue Roma: el mito de Atis que se realizaba coincidiendo en la actualidad con la Pascua. De acuerdo a las aportaciones de Alvar (1995) junto con la investigación realizada por Segura (2023) y ciertas aportaciones personales, la festividad de Atis se realizaba de la siguiente manera:

— Entre los días 15 y 22 de marzo se daba una fase donde no se comían ciertos alimentos como cerdo, pescado, pan, granadas y otros. Durante el día 22 de marzo se sacrificaba un cordero bajo el pino que sería utilizado en las actividades venideras. El colegio de los dendróforos (*collegium dendrophorum*) procedía a cortar el árbol y trasladarlo en procesión hasta el Palatino. Durante la procesión, que recorría las calles romanas, los cantos de los sacerdotes eran respondidos por los seguidores con lamentos. Al llegar el árbol al Palatino se producía el festival del *árbol intrat*, que consistía en el ingreso del pino al interior del templo dedicado a Cíbele; allí era colocado para la adoración pública al lado de la estatua de Atis, que se encontraba adornada con violetas, la flor que surge de la sangre.

— El 23 de marzo era dedicado al luto por la muerte de Atis; durante el día los sacerdotes de Marte o Salii desfilaban haciendo sonar sus trompetas sagradas y chocaban sus escudos unos con otros al saltar en el aire.

— El día 24 de marzo, los sacerdotes se fustigaban en hombros, brazos y espaldas con pequeños látigos de cuero dotados con huesecillos en sus puntas en recuerdo de la sangre derramada por ellos.

— El día 25 de marzo se festejaba la resurrección de Atis o la Hilario, que coincide con la aparición de la nueva vegetación en los campos. Hay una evidente conexión entre la vuelta a la vida de Atis y el ciclo vital de la naturaleza.

— El día 26 de marzo era un día de descanso o requietio. Este día era el que separaba las festividades de Atis de aquellas dedicadas a Cíbele.

— El día 27 de marzo, la estatua de Cíbele abandonaba su templo en el Palatino acompañada por sacerdotes de alta alcurnia. Era llevada al río, donde se introducía. Una vez recompuesta regresaba a la ciudad en procesión garantizando la fertilidad y las buenas cosechas, restableciendo el orden natural de las cosas.

— Del 6 al 10 de abril se realizaban banquetes donde se sacrificaba un toro y juegos junto con procesiones de la estatua de la diosa.

En Carmona (Sevilla), tal y como nos expone el antropólogo Demetrio Brisset (2009), se ha excavado la llamada «Tumba del elefante», que parece ser un templo del siglo I de nuestra era dedicado al culto de Atis y Cibeles.

MITRA

Por otro lado, haré referencia a Mitra quien, rodeado por el arco cósmico donde aparecen representados los signos zodiacales, el nacimiento del niño Dios se dio lugar a partir de una roca con forma de huevo encontrándose desnudo con un gorro frigio. Adorado por unos pastores, es protector de la vegetación y de la naturaleza, el gran creador, el hacedor. Íntimamente conectado con la divinidad del Sol Invicto (venerado en época tardía del Imperio romano cuya festividad fue llamada *Dies Natalis Solis Invicti* que coincidía con el solsticio de invierno, es decir, el 21 de diciembre), Mitra y el Sol establecían una comunión verdadera donde comían y bebían antes de su viaje de ascensión al cielo dando fin a su misión terrenal. Existe gran similitud con Jesús pues ambos fueron adorados por un grupo de pastores en su nacimiento en una cueva. La cueva, símbolo del nacimiento y renacimiento (de ahí el portal de Belén o el lugar donde introdujeron el cuerpo de Cristo tras su muerte, es decir, el sepulcro). De acuerdo a Alvar (1995), la integración en ambas comunidades es a través del bautismo. En ambas existe un gran acontecimiento, la Última Cena, en la que son utilizados el pan y el vino como elementos básicos. Tras la misma, tanto Mitra como Jesús ascienden al cielo.

Según Campos Méndez (2006) «la comida podía tener un significado escatológico de unión con la divinidad, mediante la ingestión de las sustancias sagradas ligadas al toro. También podía tener una función como elemento central de la liturgia, ya que los mitraicos no solo se reunían para celebrar el banquete, sino que era el momento en que el iniciado se integraba al grupo. Aparte de esta comida había un momento donde el *Pater* actuaba como representante terrenal de Mitra, y le daba al nuevo iniciado, posiblemente al finalizar el banquete, la bienvenida al grupo mediante la unión de manos o *iuntio dextraum*».

Como podemos comprobar, el sacrificio o la participación del toro ha estado muy íntimamente relacionada con la religión. Asociado a la Era de Tauro, el toro ha simbolizado la virilidad, lo masculino. Su sangre e ingesta era símbolo de fuerza y poder, de fertilidad y regeneración. Tal y como nos expresa Hernández, A. (2018) «en el culto mitraico, el sacrificio del toro era expresión de la penetración del principio femenino, húmedo, por el masculino, ígneo. Los mugidos del toro eran símbolos del trueno, que traía lluvia. Y el sacrificio del toro era una fiesta de la fertilidad». Y, no podemos olvidar, que el toro ha estado muy vinculado con el sur peninsular a lo largo de la historia perviviendo hasta nuestros días.

> Es cierto que, cuando la Era de Aries reemplazó a la de Tauro, el carnero reemplazó, como animal solar, al toro. Es cierto que, en ese reino de Tauro que había sido Egipto, el país del buey Apis y de la vaca Athor, apareció el carnero en la cabeza del dios Amón, y aparecieron las avenidas de carneros de Karnac. Y es cierto que en tierras de Israel, el cordero vino con Yavé, con el monoteísmo. El proceso se inició en torno al siglo XIII a. C., cuando Ramsés II fue

burlado por Moisés, gracias a Yavé. El toro egipcio había sido burlado por el cordero judío, un cordero que era de hierro, porque la Edad del Hierro vino a suceder a la del Bronce, y porque férrea fue la defensa que el pueblo hebreo hizo —y sigue haciendo— de la masculinidad exclusiva y excluyente de Yavé. El becerro de oro había sido derrotado. Ahora, el símbolo sagrado dorado sería el vellocino. Efectivamente, es cierto que hubo un cambio en la simbología solar. En nuestra tierra andaluza, Hércules, el carnero, venció a Gerión, el «mugiente», el toro. Así entró, con la Edad del Hierro, la Era de Aries, liquidando la de Tauro (Hernández, 2018).

TAMMUZ. MARDOK

Las divinidades Osiris, Adonis o Attis, entre otras, representaron, con ciertos detalles de variación en sus rituales, dentro de las civilizaciones del Mediterráneo, la idea de muerte y resurrección, del renacer, del volver a vivir, en definitiva, del despertar. Pero también Tammuz en Babilonia, al cual lo tuvieron por suyo también los griegos en el siglo VII a.C., divinidad de la vegetación, un joven Dios que moría y resucitaba anualmente y cuya fiesta se conmemoraba en los primeros días del mes de Nisán que corresponde aproximadamente al equinoccio primaveral. Su complejo ritual es descrito por el antropólogo Demetrio Brisset (2008) constando de los siguientes elementos:

1. La 1.ª semana se dedicaba a hacer penitencia y reparar las faltas cometidas a lo largo del año transcurrido. Con la escenificación ritual del Enuma Elis o Poema de la Creación, se rememoraba la mítica victoria del dios del Sol sobre las potencias del Océano, el Caos y las Tinieblas. También tenía lugar la humillación del rey, al que despojaban de las insignias de su dignidad mientras era abofeteado por los sumos sacerdotes ante quienes se postraba, y antes de serle concedida la absolución, debía pronunciar una especie de confe-

sión en la que se declaraba inocente. Luego se sacrificaba un toro (…).

2. El pueblo «buscaba a Marduk», que se suponía «encerrado en la montaña», lo que era una metáfora de su muerte o desaparición, y conseguían liberarlo y devolverlo a la luz del día.

3. La estatua del dios Marduk, acompañada en procesión por las imágenes de las otras divinidades de los santuarios vecinos, que habían sido congregadas en Babilonia, era llevada a «la casa de la fiesta»; una cámara subterránea de las afueras de la ciudad, en la que durante los tres días debía residir Marduk simbólicamente en el reino de los muertos, luchando contra los tenebrosos poderes del infierno y la muerte, lo cual era muy probablemente representado por medio de pantomimas, igual que su posterior victoria y resurrección.

4. Al undécimo día, el dios regresaba solemnemente a su templo en calidad de vencedor, al frente de una procesión, y lo subían hasta lo más alto de la torre, significando su ascensión a los cielos (Brisset, 2008).

LA PREOCUPACIÓN DEL SER HUMANO

Pero retrocedamos en el tiempo. Constelaciones, planetas, ríos, manantiales, montañas, árboles o animales eran, para el ser humano, dispensaciones misteriosas de los dioses; fenómenos incomprensibles para ellos hasta tal punto que había que darles explicaciones. Su supervivencia dependía, en gran parte, del entorno natural, siendo sagrada la naturaleza. Si protegían el medio ambiente, también se estaban protegiendo a sí mismos, por lo que debía existir un equilibrio con el entorno por medio de los rituales y la religión. Por consiguiente, la religión primitiva tenía un origen biológico.

Con el tiempo, su preocupación seguía siendo la misma, pero ahora, por encima de todo, se basaba en la obtención de buenas cosechas y la reproducción del ganado, por lo que la religión de los pueblos neolíticos tenía una idea central que formaría parte de todos sus rituales; la fecundidad, tanto de la tierra como de los animales. Durante este período aparecieron los primeros sacerdotes, cuya principal labor era la de mantener, acrecentar y transmitir los conocimientos de su comunidad. Ellos fueron los encargados de realizar estos primeros estudios de las constelaciones, de transmitir el saber de generación en generación y de dirigir los diferentes rituales (VV.AA., 2005).

Se realizaban rituales para atraer la lluvia, el sol o para que las plagas no afectaran al sembrado, y crearon los primeros calendarios basados en las fases del sol y de la luna empezándose, a su vez, a realizarse las primeras observaciones de las estrellas. Las divinidades se tornan así más complejas, la astronomía y la astrología desarrollan el conocimiento de los ciclos naturales y se instaura un tiempo religioso determinado en un calendario que regirá, desde entonces, la vida de los hombres en la tierra. Las sociedades agrícolas, desde entonces, generarán cosmovisiones que se plasmarán en ritos, mitos y creencias que han perdurado a través de los milenios impregnando y adaptándose a formas religiosas actuales. Es común, en numerosas fiestas, principalmente las de primavera o verano, las ofrendas a los santos patronos locales. Sus orígenes se remontan al Neolítico, como muestra de agradecimiento de la comunidad por la consecución de buenas cosechas. También era común, en períodos de sequía o cuando surgía alguna plaga que afectaba a los campos, sacar en procesión a dioses invocándole lluvia. «Son rituales que se han mantenido desde el Neolítico por las comunidades agrícolas y ganaderas aunque a lo largo de la historia hayan cambiado las deidades, lo que subraya la pervivencia de costumbres y ritos religiosos incluso en contextos muy diferentes de aquellos en los que comenzaron» (VV.AA. 2005).

El planeta Tierra posee un cúmulo de circunstancias especiales que le hacen apto para el desarrollo de la vida; la distancia al astro que le da luz y calor; la existencia de la atmósfera, que suaviza las temperaturas, las eleva y nos protege de radiaciones nocivas procedentes del Sol; y la existencia de agua líquida, salada en océanos y dulce en ríos o procedente de la lluvia de las nubes que vagan por el inmenso cielo azul. El Sol, estrella amarilla con una edad de unos cinco mil millones de años, centro de nuestro Sistema Solar, constituye el principal foco calorífico y energético de este dando luz y calor a nuestro planeta, la Tierra. El sol ha sido considerado siempre símbolo de la perfección sin el cual la vida en la Tierra hubiera sido imposible. Desde los pueblos primitivos, siempre se adoró, de ahí que fuese Osiris para los egipcios, Adonis para los fenicios y Febo o Apolo para los romanos.

La Luna, el astro más observado del firmamento, ilumina las noches de la Tierra siendo el que más brilla en el cielo después del Sol, influyendo en las mareas y la reproducción femenina. Su veneración llegó a su máxima expresión durante la era de la caza. De ahí que, en la mitología sumeria «Hija de la Luna», la egipcia Hathor, la iraní Anaiti, la fenicia Malac, de donde deriva con probabilidad el nombre que da lugar a la ciudad andaluza de Málaga.

Es, en la Navidad, cuando se produce un acontecimiento clave: el solsticio de invierno, donde el sol logra su cénit en el punto más bajo comenzando así a prolongarse el día en detrimento de las noches. El solsticio hiemal marca un cambio en los ciclos naturales y astronómicos determinando el momento donde la oscuridad del invierno es vencida por la luz despertándose la naturaleza y, con ella, la fertilidad de la tierra donde los seres humanos observaban la renovación de sus esperanzas de supervivencia gracias al Sol, astro divino, venerado por todas las culturas arcaicas.

> En el solsticio de invierno todos los pueblos antiguos, adoradores del sol, celebraban el nacimiento del astro rey mediante grandes festejos caracterizados por la alegría general y el protagonismo de las hogueras, alrededor de las cuales se concentraban los lugareños con el fin de manifestar su alborozo y esperanza mediante ceremonias colectivas centradas en cantos y danzas rituales (...). Era también la época adecuada para realizar pactos protectores con los espíritus de la Naturaleza y con los familiares fallecidos (...). Los pueblos prerromanos (...) festejaban el retorno del

Nuevo Sol y las fuerzas vegetativas de la Naturaleza (...). Desde hace miles de años, y para las culturas y sociedades más diversas, la época de la Navidad ha representado el advenimiento del acontecimiento cósmico por excelencia, del hecho más fundamental de cuantos podían garantizar la supervivencia del hombre pagano o campesino, del nacimiento —o, mejor dicho, renacimiento anual— de la principal divinidad salvadora. Otro tanto sucedía durante el solsticio de verano, época adecuada para mostrarle al divino sol el agradecimiento de quienes habían sobrevivido un año más gracias a su generosa intervención agrícola y ganadera (Rodríguez, 2010).

Nos encontramos así con dos poderosos elementos naturales o dioses planetarios protagonistas principales de la explicación de la Naturaleza y que simbolizan lo masculino (el sol) y lo femenino (la luna) a quienes se le unió Venus, el «Lucero del Alba» o «Estrella del alba» siendo visible en el cielo al amanecer o al atardecer y considerado, por algunas culturas, como dos cuerpos diferentes convertidos en diosa del amor y la guerra.

Alrededor de estos dioses planetarios surgieron ritos solsticiales agrarios rurales que se fueron transmitiendo de generación en generación. Con el desarrollo de las culturas urbanas, nunca desaparecieron, sino que se adaptaron a unas nuevas necesidades y circunstancias impuestas por la religión o sociedad dominante. Es por dicho motivo que muchas fiestas rebasaron el ámbito campesino y se convirtieron en ciudadanas, de forma que la fecundidad que en origen solicitaban para el campo y el ganado pasó a comprenderse como prosperidad y riqueza para la ciudad. Estas festividades se concentran sobre todo en invierno, pues la actividad humana sufría en estos meses una bajada en su ritmo, ya que la guerra se detenía, nadie se atrevía a navegar y las faenas agrícolas eran entonces menos intensas. El invierno es en consecuencia un período muy propicio para que las relaciones que se entablan con el mundo sobrenatural sean más estrechas, más íntimas (Blánquez y otros, 1993).

Pero es en primavera, cuando la naturaleza se transforma gracias al aumento de las radiaciones solares así como de las lluvias que riegan los campos y hacen crecer el caudal de los ríos y manantiales, brotando hojas y flores y surgiendo así la magia del esplendor vegetativo.

Y este aparente renacimiento anual impactó de tal modo la sensibilidad de nuestros lejanos antepasados, que fue elaborada una explicación, difundida como mito entre los paleo cultivadores prehistóricos: cada año era muerto un joven dios solar, y de su enterrado cuerpo surgían los cultivos. Y en honor suyo, implorando su benevolencia para con los agricultores, en muchos de los antiguos ámbitos de civilización se celebraron grandes fiestas rituales del cambio de año, de las que se conservan todavía diversos elementos formales.

Afirma ese gran erudito que fue Frazer que, de los fenómenos naturales, «nada hay que sugiera con tanta fuerza la idea de muerte y resurrección como la desaparición y reaparición de la vegetación, siendo así que la muerte y reviviscencia anual de la vegetación es el evento anual más impresionante que ocurre en la naturaleza, al menos en las zonas templadas». Y la antigua teoría mágica del dominio sobre los fenómenos naturales (conjuros para traer lluvias y calor, y multiplicar los animales y frutos) fue complementada por una teoría religiosa, al creer que el cambiante curso de la naturaleza se debía al nacimiento y muerte de seres divinos, calcados del modelo de la vida humana (Brisset, 2008).

EL CHIVO EXPIATORIO

Los pueblos primitivos, dentro de su mundo interior, poseían una serie de hadas, duendes, espíritus o demonios que vivían junto a ellos y podían encandilarlos y atormentarlos desde puntos de vista diferentes: caprichosos o malévolos. Cualquier desgracia que tuvieran, desde daños o dolores personales, de personas cercanas o de sus propias sociedades que podían ser resultado de seísmos, plagas en las cosechas, sequías o tormentas torrenciales, solían achacarlos a dos hechos: la magia de sus enemigos o la ira de los espíritus. La persecución y la caza de todo mal, el libramiento de cualquier perversidad o la propia limpieza de toda vileza creó ritos alrededor del ser humano que les hacían sentirse más libres.

> Así llega el momento en que el esfuerzo del pueblo primitivo para hacer un barrido de todas sus conturbaciones toma por lo general la forma de una gran cacería y expulsión de demonios y espíritus. Creen que, si logran sacudirse a sus atormentadores execrados, podrán empezar una vida nueva, feliz e inocente (…). Por esta razón podemos entender por qué estas limpiezas generales del mal, a las que recurre el salvaje de vez en cuando, deben tomar la forma de una expulsión forzosa de los demonios. En estos malos espíritus ve el hombre primitivo la causa de muchas de sus desdichas, si no de todas, e imagina que si logra librarse de ellos, las cosas irán mejor para él. Los intentos públicos para expeler los males acumulados de una sociedad entera pueden clasificarse de dos clases, según que los demonios expulsados sean inmateriales e invisibles o estén corporeizados en un vehículo material o víctima expiatoria (Frazer, 1922).

Esta expulsión de todo mal acumulado en la sociedad o de hacer una limpieza general de espíritus malignos se tendió a hacer en fechas fijas y periódicas; normalmente una vez al año y nuevamente se daba en la estación del invierno aunque hay casos donde estos rituales estaban fijados en relación con las épocas agrícolas, como siembra o recolección. De esta manera, podríamos decir que, la expulsión del mal marcaba el principio de un nuevo año, librándose su sociedad de las inquietudes que le han acosado en el anterior y, a su vez, a este ritual le precedía o seguía un período de festividad, de libertinaje general. «Tuvieron que haber sido corrientes, entre los paganos europeos, estos rituales, a juzgar por los vestigios de esas costumbres entre sus descendientes actuales. Entre ellas la utilización como víctima expiatoria de un hombre divino» (Frazer, 1922). El empleo de una víctima expiatoria en forma de hombre divino fue una costumbre bastante común en diferentes civilizaciones, a quien se les transferían y, finalmente, se le sacrificaba.

> La costumbre de matar a un Dios data de un período tan primario de la historia humana que, en épocas posteriores, aun cuando la costumbre siga practicándose, se presta a una interpretación equivocada; el carácter divino del animal o del hombre se olvida y llega a considerársele meramente como una víctima cualquiera. Tal puede ser el caso especialmente cuando es un hombre divino el que se mata, pues cuando una nación llega a civilizarse, pero sin renunciar a los sacrificios humanos al mismo tiempo, por lo menos selecciona como víctimas sólo a los desventurados que estaban condenados a morir de cualquier otra manera. De este modo, puede llegar a confundirse la muerte de un Dios con la ejecución de un criminal (Frazer, 1922).

LA MUERTE. INEXORABLE DESTINO DE TODO SER

La religión es el factor más importante en la historia de los pueblos y de las civilizaciones inmanente y trascendental al ser humano. Es un hecho histórico y cultural cuya realidad es polifacética y meta subjetiva. Cada cultura la ha visualizado dándole sentido a sus concepciones de la realidad y, si ha sobrevivido a los avatares de las sociedades es por su carácter camaleónico encubriéndose en todas las actividades humanas y tomando múltiples nombres, pero también por su propia resistencia siendo identificada con sentimientos, costumbres, tradiciones, supersticiones, con creencias identitarias que forman parte de una comunidad y, cómo no, con formar parte de un estatus social, con el propio poder y, por lo tanto, con una institución o sistema de creencias y rituales que las encubren disimulando su propio ser. La razón podría desenmascararla, la voluntad discernir y ser consciente de dónde han de estar sus límites, la inteligencia apreciar y distinguir entre lo real y lo ilusorio, quimérico, ficticio o aparente, y la fe dar sentido a su origen primigenio. Nos encontramos pues ante un aspecto de nuestro día a día que posee su propia alma y que permanece con vida y en cambio está íntimamente relacionado con lo más aterrador del ser humano: dar sentido a la muerte.

La muerte es el inexorable destino de todo ser. Una realidad desconocida a la que cada una de las civilizaciones se ha enfrentado. La muerte es el gran proyecto, es el fin totalizador. En la muerte acaba la conciencia del hombre, diluyéndose en lo desconocido. La muerte es, en parte metafísica, pero también es acontecimiento, aleatoriedad, focalización, accidente, la muerte es hegeliana, pero también nietzscheana; es dialéctica y eterno retorno a la vez. Es el punto cero de nuestro mundo, es el momento que no podemos aprehender, del que habla Ernest Bloch. La muerte es el infinito horizonte que se nos escapa a cada instante, desorden y orden sintetizados, fragmento dislocado que se diluye en la historia, en la vida, en nuestro ser (Aguilera y González, 2009). Y, aunque la muerte es presentada como algo biológico, también es cultural.

Para dar explicación a la muerte y tener una vida infinita, para dar sentido a la salvación de nuestros pecados, la religión utilizó la esperanza de nuestra propia resurrección, pero sustentada, desde que nacemos, en el miedo en todas sus facetas: miedo al más allá, a nuestra propia intuición de que somos limitados y seres de paso, al dolor, a la angustia y al sufrimiento pero, cómo no, miedo a ese Dios que nos vigila, nos controla y nos ve en todo momento desde el cielo o a través de sus servidores terrenales. Por consiguiente, tener miedo a la religión no es solo un aspecto estrictamente religioso, sino también es un miedo hacia la propia institución que lo domina y al abuso que pueda tener por su situación privilegiada. Porque, desde su propia estructura, de una manera u otra controla a las masas y, siendo estas sometidas, se cohíbe el pensamiento, la reflexión y la crítica, sea constructiva o no. Podríamos decir que se construye el miedo de las palabras y, por consiguiente, a cuestionar lo ya escrito.

La religión es uno de los ámbitos en los que el miedo parece manifestar la multiplicidad de sus más duras aristas, pudiendo convertir a la fe en angustia obsesiva, al creyente en terrible instrumento del terror, al tiempo en escatología del espanto, al espacio en tablero de los horrores de la geoestrategia del fanatismo (Díez, 2002).

El miedo, en sí, es una experiencia universal que ha construido, y lo sigue haciendo, buena parte de nuestra praxis social, acechándonos constantemente, formando parte de nuestras perspectivas vitales, de nuestra propia individualidad y más cuando somos conscientes de ese laberinto del desaliento de lo desconocido. De lo que habrá tras la muerte, y pensar en el morir es sentirse castigado y temer ese castigo.

Hemos de tener en cuenta que todas las religiones han estado constituidas de tres partes fundamentales:

— Dogmática, es decir, las verdades que hay que creer.

— Normativa, o lo que es lo mismo, los mandamientos que hay que cumplir.

— Ritual o cultural, los medios para llegar o santificarse.

Mientras que los teólogos y moralistas se ocupan de las dos primeras, el pueblo llano y fundamentalmente rural se orienta más al tercero.

> El rito, el culto —al menos el público—, en tanto que además de un homenaje a la divinidad es un signo de identificación con la comunidad a la que se pertenece, a la que cabe unir el carácter generalmente grandioso (lo que no quiere decir ni teatral ni espectacular, aunque a veces tenga ese matiz), le atrae en mayor medida y es, en consecuencia, el elemento religioso que más ha desarrollado. Esa parte cultural o ritual de toda religión exige tres condiciones: lugar, forma y tiempos adecuados (Domene, 2010).

LA CONVERSIÓN RELIGIOSA. LA CRISTIANIZACIÓN DE LA BÉTICA

A lo largo de los siglos, la conversión religiosa se ha producido, siendo este fenómeno muy frecuente en todos los pueblos vencidos. Situándonos en la Protohistoria, etapa intermedia entre la Prehistoria y la Historia propiamente dicha, la diversidad cultural se agranda, y pueblos extranjeros, procedentes de Europa y del Mediterráneo oriental, llegan a la Península Ibérica en busca de tierras que cultivar o metales para comercializar. Por una parte, el mundo de los celtas, pueblos originarios de Europa que presentarán un sustrato cultural procedente de las culturas de hierro. Por otra parte, el mundo íbero, heredero de las culturas neolíticas, metalúrgicas y megalíticas, de Oriente y de las islas mediterráneas. Entre ambas culturas, se asientan los pueblos que participan de algunas características comunes de aquellos dos mundos; los celtíberos. Herederos de la Edad de Bronce, tuvieron gran culto a los dioses de la fecundidad en su más variado aspecto quienes los fenicios, posteriormente, usaron para sus diosas, como Astarté que también era diosa de la fertilidad (Blázquez, 1990) siendo su culto exaltación del amor, de la sexualidad y del placer carnal, pero también de la guerra.

Y, dentro de los territorios, existían lugares como cuevas, montañas, fuentes, bosques o acantilados entre otros que eran diferentes a los demás, donde las confluencias de corrientes de energías hacían que poseyeran unas cualidades regenerativas o simbólicas en las que el ser humano se sentía tan diferente, con tanta paz y armonía, que los dedicó, especialmente, a la Gran Madre Tierra. En ellos siempre emergía agua pues esta, como elemento principal de fecundidad, ejercía una fuerza vital en toda la naturaleza y sustento de todos los animales. Es, en esos lugares en concreto, donde comenzaron a construirse templos dedicados a las divinidades en los que la ciudadanía acudía en peregrinaje porque en ellos sentían la purificación y fortalecimiento de sus almas y, como lugares que eran dedicados a divinidades relacionadas con la fertilidad y maternidad, se pernoctaba, se hacían bailes y cantes como alabanzas, fiestas nocturnas, hogueras en acción de gracias y para el resguardo del frío, rituales para la expulsión de todo mal así como para el renacer (volver a nacer) y se sacralizaba el amor terrenal, procreador.

Estrabón hace referencia, al hablar de la Hispania prerromana (3.3.7), a la existencia de un dios al que «sacrificaban machos cabríos, caballos y prisioneros. Suelen hacer hecatombes de cada especie de víctimas, al uso griego» así como el supuesto culto a la luna (3.4.16) especificándonoslo de la siguiente manera: «los celtíberos y los otros pueblos, que lindan con ellos por el Norte, tienen cierta divinidad innominada, a la que, en las noches de luna llena, las familias rinden culto danzando hasta el amanecer ante las puertas de sus casas» (Blázquez, 1990). Dentro de los celtas se tenía veneración también a Coventina, diosa de las aguas, Bandua, diosa de los pactos y alianzas, y Endovélico, dios de la muerte y los difuntos. Centrándonos en el sur peninsular, Macrobio, en el libro I de sus Saturnalia (I. 19, 5), nos menciona la celebración de la imagen de Marte por los accitanos siendo esta adornada con rayos y llamándole Netón: «¿Quién puede dudar que Marte es el sol? También los accitanos, pueblo hispánico, rinden culto con la mayor veneración a una imagen de Marte, adornada con rayos, a quien llaman Netón (…). Según Macrobio, la voz Netón es Egypcia, y significa lo mismo que toro, cuyo simulacro se veneraba en Heliópolis consagrado al sol (...). Viendo, pues, por una parte, que el simulacro del dios Marte se efigiaba en Acci con rayos propios de la Imagen del sol, y por otra parte, que los Egypcios veneraban al sol en otro simulacro, llamado como en Acci Netón, podemos afirmar que los accitanos recibieron esta voz de los Egypcios y que era significativa del toro, o monumentos en que adoraban al sol» (Florez, 1744-45). Por otra parte, se tiene constancia de otro tipo de festividades o rituales en la Bastitania. Según Estrabón (3.3.7) «en Bastitania las mujeres bailan mezcladas con los hombres, unidos unos a otros por las manos (...). A los criminales se les despeña, y a los parricidas se les lapida, sacándolos fuera de los límites de su patria o de su ciudad. Se casan al modo griego».Los siglos de presencia del mundo romano sobre el suelo ibérico constituyen el primer capítulo fundamental de la Historia de España. «Tras la toma de Cartagena, en el año 209, el joven caudillo Publio Cornelio Escipión ordenó a su propio hermano, Lucia, la conquista de la Bastetania, para lo que hubo de tomar al asalto la antigua Basti, calificada como fuerte y bien provista de fortificaciones. Plutarco dice que la ciudad estaba dominada por un templo dedicado a Afrodita y en él se instaló el tribunal romano» (García de Paredes, 2005).

Nuestra sociedad actual ha heredado de Roma un vasto legado, al que pertenecen elementos tan importantes como el sustrato fundamental de la lengua —todas las lenguas peninsulares, excepto el euskera—, o el sentido del derecho y la justicia (VV.AA., 1997). Los romanos conservaron durante muchos siglos sus primitivas tradiciones religiosas, pero a la vez adoptaron las creencias de los distintos pueblos con los que fueron entrando en relación, de manera que en la religión romana terminó habiendo numerosos dioses con rituales y cultos de diferente origen. Las influencias más importantes fueron la etrusca y la griega, y de las religiones orientales. A modo de ejemplo, en Baelo Claudia, en la costa gaditana, hubo un ejemplo iniciático de Isis, pero también se tiene constancia de un iseo (Isaeum) en Sevilla situado donde está el actual Alcázar (CARO, 1932).

> En los primeros siglos de la romanización, los dioses, así como los lugares de culto ibérico, griegos y fenicio-púnicos, se impusieron a los de los colonizadores romanos. Después, las creencias romanas fueron introduciéndose en la mentalidad indígena, que inició un proceso de asimilación por el que dioses y cultos autóctonos fueron adaptándose a los nombres de las divinidades romanas similares y a las formas rituales de los conquistadores. (André y Granados,1990)

La Bética aportó al Imperio romano figuras de la cultura universal como fueron las obras de los dos Séneca, padre e hijo, y la elevación a la cumbre del Imperio de Trajano y su sobrino Adriano, que pasa a ser el más culto de los emperadores romanos (...). Junto a ellos, y entre otros muchos, el poeta cordobés Lucano, los gaditanos Canio Rufo, poeta; Moderato, filósofo;

Columela, gran conocedor de la agricultura; Pomponio Mela, nacido en Tarifa, entre otros. Pero hubo un gran factor que se va a producir en la Bética romana, que es la propagación del cristianismo.

> Sabido es que los romanos fueron liberales en materia religiosa y que César, en Cádiz, expresó su devoción por Hércules, cuyo tesoro había sido secuestrado por Varrón para financiar la guerra de Pompeyo contra César. El culto a Hércules sería elevado a deidad oficial romana. La leyenda habla de la introducción del cristianismo en la península a través de Santiago y San Pablo, pero también se ha afirmado que por Almería pusieron pie en España siete cristianos, ordenados por los apóstoles con el fin de extender el cristianismo en España y que de ahí data la diócesis de Guadix, la más antigua de España (Clavero, 2006).

Estos siete cristianos fueron los llamados posteriormente Varones Apostólicos cuyos hechos son narrados en unos manuscritos del siglo X: Torcuato, Tesifonte, Indalecio, Segundo, Eufrasio, Cecilio y Hesiquio. Siendo ordenados por los santos apóstoles en Roma fueron enviados al sur peninsular para predicar la fe. Milagrosamente, llegaron a Acci (Guadix), donde decidieron descansar del viaje en un momento en el que los ciudadanos de aquellas tierras realizaban sus fiestas en honor a sus dioses de la Triada Capitulina: Júpiter, Mercurio y Juno más las deidades locales Isis y Netón. Al ser descubiertas sus intencionalidades, fueron perseguidos hasta un río donde sus perseguidores perecen tras romperse el puente. Aquel milagro consternó a toda la población. Luparia, una mujer nobilísima y virtuosa, los hizo llamar para interrogarles sobre su procedencia, confesando estos su intención de predicar el Reino de Dios y el Evangelio. Tras las palabras de aquellos enviados, se construyeron un baptisterio y una basílica y, consagrándose el altar en honor a san Juan Bautista, muchos de los presentes fueron bautizados, entre ellos Luparia. Tras aquel hecho milagroso, los siete varones se dispersaron curiosamente por tierras del sur peninsular y, especialmente por lo que fue el antiguo reino de

Granada o ciudades limítrofes: Torcuato permaneció en Acci (Guadix), Tesifonte se fue a Bergi (Berja), Hesiquio a Carcere (Cazorla o, según otros historiadores, Cieza), Indalecio a Urci (Pechina), Segundo a Abula (Abla, aunque tradicionalmente ha sido Ávila), Eufrasio a Iliturgi (Andújar, al que también ubican en Mengíbar) y Cecilio a Iliberri (Granada).

Pero, la corriente del cristianismo entró por el Mediterráneo y el documento histórico más antiguo donde se menciona la existencia de cristianos en Iberia es el tratado *Contra los herejes* de san Ireneo, el cual dice:

> Aunque las lenguas son innumerables en el mundo, el poder de la tradición es uno y el mismo; ni las iglesias fundadas entre los germanos creen ni transmiten otra cosa, ni las de las Iberias, ni las de los celtas, ni las de Oriente, ni en Egipto, ni en Libia (Sánchez, 2008).

Es cierto que, tal y como expresa el historiador José Sánchez Herrero (2008) «la presencia del cristianismo en la Península Ibérica queda confirmada por una carta sinodal procedente de Cartago, firmada por san Cipriano (ca. 200-258) y otros 36 obispos, y dirigida al presbítero Féliz y fieles de León y Astorga, y al diácono Elio y fieles de Mérida. El Concilio y la carta se datan del año 254 o primera mitad del 255. Los obispos africanos, con san Cipriano a la cabeza, responden a una carta que les habían escrito las iglesias de León-Astorga y Mérida, llevada en mano por los obispos hispanos Félix y Sabino».La aportación de Andalucía al auge del cristianismo queda constatada posteriormente con la celebración del más antiguo Sínodo celebrado en Illíberis (Granada) por los años 300 al 302, presidido el cónclave por el obispo Félix de la sede más antigua, es decir, Acci (Guadix) o figuras como Osio, obispo de Córdoba, consejero de Constantino y que presidió el Concilio de Nicea (Clavero, 2006), en el que quedó escrito el Credo, proclamándose la divinidad de Jesucristo «nacido del Padre antes de todos los siglos» y encarnado para salvar la Humanidad y que «nació de Santa María la Virgen» puesto que, en un principio, Cristo era considerado un simple mortal, elegido por Dios para realizar sus designios pero, poco a poco fue extendiéndose la idea de que era hijo de Dios y había descendido a la Tierra para redimir a los hombres. El predicador Arrio defendía la naturaleza humana de Cristo, pero concedía que había sido la primera criatura del Creador. Condenado tras el Concilio de Calcedonia (381), el arrianismo se difundió entonces por los pueblos germánicos hasta Leovigildo, pues, su hijo Recaredo, comprendiendo que los católicos eran mayoría, se convirtió durante la celebración del Concilio de Toledo (VV.AA., 2005).

También fue en el Sínodo de Illíberis cuando, dentro de uno de sus cánones, establecía la prohibición de pintar imágenes, por lo menos en las paredes de espacios de culto. Aun así se tuvieron que estar haciendo, pues, años más tarde, en el 324, el obispo Eusebio de Cesárea se lo recordaba a la hermana del emperador, Constancia. Pero esto no tuvo que tener mucho éxito, o bien había que mimetizar el paganismo dentro del cristianismo para llegar al pueblo llano pues, a mediados del siglo IV, se tiene constancia de muchos testimonios donde se le daba veneración a imágenes de Cristo, los mártires y de la Virgen, al menos en Oriente ampliándose las representaciones iconográficas con el tiempo pues, tal y como expuso San Juan Damasceno en su Sermón I de las Imágenes, estas «son mudos pregoneros de la gloria de los santos, puesto que con una palabra tácita enseñan a aquellos que los contemplan y hacen atractiva a la vista la santidad» (Plazaola, 2010).

La Iglesia primitiva, sin renunciar a su origen judaico, cuya intención era perfeccionar dicha religión utilizando el calendario lunar para sus festividades movibles, no tuvo más remedio que adaptarse en tiempo y espacio a las fiestas paganas existentes en el Imperio basadas en el calendario solar y con fechas fijas. De ahí su doble origen perviviendo hasta el día de hoy, donde nos encontramos con dos tipos o clases de fiestas: las de fecha variable, ligadas a la Pascua y a un calendario lunar (origen judío), y las de fecha fija, con base en el calendario solar (origen romano). Pero no olvidemos que, tras la declaración oficial del Imperio del cristianismo como religión oficial, muchas festividades de origen pagano fueron cristianizadas, es decir, los principales dioses de cada población se sustituyeron por santos.

Los primeros dioses cristianizados fueron aquellos que, por estar más presentes en la vida diaria, bien por su simbolismo o bien por su ubicación en el calendario, tenían templos propios. Como la mayor parte de tales templos fueron convertidos en iglesias, si el antiguo dios titular tenía mucho arraigo entre el pueblo no quedó más remedio que buscar un santo más o menos afín para que la sustitución fuese aceptada sin grandes problemas. Es lo que sucedió, por ejemplo, con los templos dedicados a la Gran Madre (en cualquiera de sus múltiples advocaciones y que podía o no ser virgen, pero que siempre era madre), que indefectiblemente, y ya como iglesias, fueron puestos bajo la advocación de Santa María, la madre de Jesús. Sirva como muestra, entre otras muchas que se podrían citar, cómo la diosa Isis acabó siendo Nuestra Señora la Virgen María y sus templos iglesias marianas.

Los segundos en ser cristianizados fueron los dioses protectores de una ciudad, que acabaron siendo sustituidos por un santo convertido en el santo patrono de dicha ciudad. Y así, Atenea, protectora de Atenas, fue sustituida por la Virgen María; o Marte, el dios patrono de Roma, fue desplazado por San Pedro (Domene, 2010).

Con la caída del Imperio romano, la Bética queda en manos de los bárbaros. Llegaron con idioma, estructuras sociales, religión y sistema económico diferente, y el pueblo llano sintió un cambio radical. Arrasaron ciudades romanas como Sevilla o Carteia (junto a Algeciras). Aunque esta tierra pasó por todos los pueblos germanos así como bizantinos, tal y como especifica Moreno Alonso, «los godos fueron más extranjeros en Andalucía que ninguno de los otros pueblos que los colonizaron».

En el orden cultural hay un nombre que es el de San Isidoro de Sevilla que llena todo su tiempo con luz propia y que se convierte en figura universal del saber. Se ha podido decir que con él y su hermano San Leandro, tan decisivo en la conversión de Hermenegildo y Recaredo y en su intervención en el Concilio III de Toledo, la Bética se convirtió en el centro cultural de España, dando lugar a la llamada era isidoriana (…). Pero con independencia del lugar en que los filósofos y los historiadores sitúen a San Isidoro, lo cierto es que con él y su escuela, Andalucía sigue siendo un foco cultural de primera magnitud como lo fue con Tartessos y como lo fue con Roma y que va configurándose históricamente como un pueblo de cultura en todas las épocas (Clavero, 2006).

EGERIA, VIAJERA Y ESCRITORA HISPANORROMANA

Allá por el siglo IV, entre los años 381 y 384, una viajera y escritora hispanorromana llamada Egeria decidió visitar los Santos Lugares (Egipto, Palestina, Siria, Mesopotamia, Asia Menor y Constantinopla) y recoger sus impresiones en un libro. Pasando por Jerusalén durante las fechas de la Pascua, narró meticulosamente lo que se podría considerar el primer testimonio de procesión de Semana Santa.

La dama nos narra que el Domingo de Ramos los fieles de la ciudad realizaban un recorrido que comenzaba en el Monte de los Olivos. Desde allí se trasladaban hasta la basílica del Santo Sepulcro. En dicha procesión los fieles, entre los que se encontraban numerosos niños, algunos a hombros de sus padres, portaban ramos y palmas e iban en pos del obispo de la ciudad, cantando himnos y antífonas (…). El resto de la Semana Santa se realizaban más procesiones, siempre entre los diferentes escenarios mencionados en los relatos bíblicos. Había en ellas una clara intención por recrear los episodios evangélicos. Era habitual que se leyeran los pasajes de cada uno de estos sucesos narrados en las Escrituras (…). La noche del Jueves al Viernes Santo se realizaba una gran procesión por toda la ciudad que duraba hasta el amanecer y que era jalonada con cánticos (…). Uno de los momentos culminantes que nos describe es la celebración del Viernes Santo que tiene lugar en el atrio de la basílica del Santo Sepulcro, cuando los fieles van a adorar un fragmento de la Vera Cruz (VV. AA., 2020).

Gregorio I el Magno, aparte de establecer Roma como capital del cristianismo y ordenar el oficio litúrgico tomando el nombre de gregoriano, también estructuró las comitivas procesionales.

> A las rogativas las llamó procesiones septiformes, porque los asistentes estaban obligados a cumplir un estricto orden jerárquico; abrían marcha los clérigos seculares, seguidos por los monjes y religiosos, las monjas, los niños, los seglares solteros, las viudas y mujeres solteras y, finalmente, los casados. Un orden físico que reflejaba los imperantes valores morales judeocristianos (Brisset, 2009).

Es, durante la época visigoda, cuando se tiene constancia, en la ciudad de Toledo, de la celebración de procesiones en Domingo de Ramos muy parecidas a las que describió Egeria en sus cartas, donde eran bendecidos ramos y palmas mientras que, durante el recorrido procesional, se cantaban himnos. Pero también se festejaba el Viernes Santo, cuando se sacaba un *lignum crucis*, es decir, la Vera Cruz, en un relicario bajo el acompañamiento de todos los fieles. A partir del siglo X, con la intención de acercar a la ciudadanía la Pasión de Jesús así como su presencia, se comenzó a tallar imágenes (Galtier, 2008).

ANDALUCÍA Y LAS DIOSAS-MADRES

A lo largo de la historia, desde el nacimiento de las primeras religiones, las distintas culturas que han poblado Andalucía han sido grandes devotas de las diosas-madres: la Isis egipcia, la Artemisa griega, la Astarté fenicia han tenido su veneración en las tierras andaluzas. Sin olvidar las Venus paleolíticas, símbolos de la fertilidad así como de sabiduría o poder curativo (Ferrer, 2015). Lo único que había que hacer era cambiar la diosa pagana por la Virgen María. Y así se hizo tras convertir el cristianismo en religión oficial del Imperio romano aunque no podemos olvidar que fue el propio cristianismo, en el siglo X, el que intentó prohibir su celebración porque sabía que escondía huellas de su paganismo.

Es más, voy a poner el ejemplo de la diosa Astarté fenicia. La diosa Astarté se representaba gráficamente como un triángulo con una línea transversal a modo de brazos, un redondel encima como cabeza y media luna sobre ella; La Virgen del Rocío figura a un triángulo con un redondel encima y la media luna a sus pies rematada por sendas estrellas de ocho puntas, siendo el lucero del alba y del atardecer; Astarté era virgen y a la vez madre de la naturaleza, la del Rocío también es virgen y pastora de las marismas; el atributo de Astarté era la paloma blanca, a la Virgen del Rocío se le denomina la Blanca Paloma (Ruiz, 2021). Si a esto le unimos que tanto a la una como a la otra se les adora, o adoraba, en el mismo lugar marismeño, antes un santuario y ahora una ermita, donde se pernocta, se baila y se canta, donde se saca en procesión por peregrinos que llegan de todos los lados de Andalucía, donde en el mes de mayo, mes de Tauro, vuelve a tener gran presencia el toro (buey), quien está a servicio de la Virgen, la continuidad de ambas, aunque cambiando de religión, nos parece muy clara. Es más, según Gómez Marín (2010) el culto rociero «replica con desconcertante detalle nada menos que los misterios de Eleusis».

Todos los pueblos han rendido culto a las fuentes, de multivalencia milagrosa y oracular. Ninguna revolución religiosa ha podido abolir estos cultos, que eran aún más fervorosos en el caso de los manantiales medicinales, con antorchas encendidas y ofrendas de pan y de incienso. El Cristianismo persiguió infructuosamente el culto a las aguas y a las fuentes desde las soflamas de san Cirilo de Jerusalén y a lo largo de la Edad Media. Los concilios franceses, más aun que los españoles, lanzaron anatemas contra los veneradores de las fuentes, pero la Iglesia tuvo que aceptarlos finalmente. Desde entonces, María es Señora de todas las aguas (Hernández, 2018).

Por otro lado, el culto al toro pervivió relacionado con la fecundidad pero también con Marte o Netón. Este animal, por consiguiente, representaba la supervivencia de lo masculino y de lo femenino (símbolo del sol y de la luna), cuyo signo de Tauro, signo de la Tierra, coincide con el mes de mayo que, a su vez, es el mes más fértil dedicado a las Diosas Madre y, por consiguiente, el mes de María y el surgimiento de leyendas donde existe un vínculo entre Ella y el toro o el buey, que no deja de ser una variante de lo mismo, pero bajo la transformación de la religión cristiana. En Andalucía, no es de extrañar ver corridas de toros donde son humillados y matados, o la participación de bueyes en romerías donde son sometidos y obligados a llevar las carretas de las Vírgenes.

Debemos mencionar que, hacia el siglo IV, en Arabia, empieza a rendirse culto a la Virgen María. Por el año 429, en Constantinopla, Proclo pronunció un sermón en presencia del patriarca Nestorio alabándola. El Concilio de Éfeso estuvo motivado por la fuerte disputa que existía entre los que planteaban que María era solo la «madre de Cristo» y los que decían que era «la madre de Dios». Había que convertir las diosas Madre en la Virgen María en sus diferentes advocaciones y el cristianismo supo hacerlo de manera brillante. Al final, todo el problema se zanjó cuando el emperador Teodosio II eligió la segunda opción. Era la más inteligente. Y, aunque existió una gran veneración a la Virgen desarrollándose una cultura iconográfica para su representación en el Imperio romano de Oriente bajo la figura de la Hagia Theotokos (la que hace nacer a Dios) y de ahí su difusión, la Iglesia, en un principio, se negó a la realización de imágenes talladas con el fin de que el pueblo llano no hiciera suyas las prerrogativas paganas inherentes a la Madre de los dioses. Pero no lo consiguió. En un principio se escondieron, ya que su culto podía ser castigado, pero las imágenes de la Diosas Madre con su hijo (María y el niño) resistieron, restaurándose su culto en el II Concilio de Nicea, en 787, y autorizándose la realización de imágenes talladas durante el reinado de Carlomagno. El papa Nicolás I el Magno (858-867) establecería la fiesta de la «Assunta al Cielo», adoptando y adaptando al cristianismo el pagano Ferragosto italiano, el «reposo de Augusto», tras intentar, infructuosamente, eliminarlo. La historia de la iconografía mariana no había hecho más que empezar (Hernández, 2018).

UNA NUEVA RELIGIÓN. EL ISLAM Y LA VIRGEN MARÍA

Tres siglos antes del papado de Nicolás I el Magno, la Meca era un punto crucial de rutas caravaneras y comerciales pero, a su vez, un centro religioso (santuario) alrededor de la Kaaba, custodiada por los qurasíes, donde peregrinaban fieles para adorar a sus más de trescientos dioses pertenecientes a todas las tribus y grupos árabes que pasaban por allí. El dios principal del santuario de la Meca era Alá (Dios), quien garantizaba el cumplimiento de los juramentos, proporcionaba lluvia y era el creador del mundo.

En el año 570 nació Muhammad ibn Abdallah (Mahoma), quien, a sus cuarenta años, comenzó a tener visiones y revelaciones. Perteneciente a la tribu de los Qurays, los guardianes del santuario, se cuenta que una noche del año 610 se le apareció en sueños el ángel Gabriel y le anunció que, a partir de ese momento, sería el profeta de Alá y recibiría sus enseñanzas, debiendo transmitirlas a todos. Sus primeros seguidores fueron Jadiya y Alí, y poco a poco fue ganando adeptos, puesto que predicaba que Alá no quería las injusticias ni la opresión de los ricos sobre los pobres, y que era misericordioso recompensando a los justos, pero también implacable castigando a los injustos. El 16 de julio del año 622, Mahoma y sus seguidores tuvieron que huir de La Meca y refugiarse en la ciudad de Medina. Este viaje fue la hégira, que en árabe quiere decir «emigración» (VV.AA., 2005).

Surgió el Corán, el libro sagrado de los musulmanes, en árabe al-Qur'an, que significa recitación, donde recoge la predicación de Mahoma. Consta de ciento catorce azoras o suras, es decir, capítulos, que varían en extensión y que a su vez se dividen en aleyas y versículos. Pero, además del Corán, se recuerdan otros dichos del profeta Mahoma que no corresponden a discursos públicos: los hádices. Para los musulmanes, el Corán es eterno, perfecto e intocable porque es la palabra de Dios.

A pesar de su lucha contra el paganismo, en el Corán se reconocen algunos elementos preislámicos propios de los árabes, como la existencia de los genios. La religión islámica considera que hay un único Dios, al que hay que someterse, y posee una serie de atributos: «Dios, no hay Dios sino Él, sólo Él posee los nombres hermosos». Los nombres hermosos son los atributos de su perfección, que se recopilaron en una lista de 99 nombres, que son la base para la meditación. El Corán revela la voluntad de Dios para la creación, pero no revela a Dios, y como a través de los atributos se puede entender y explicar la naturaleza divina, los nombres hermosos también fueron objeto de debate entre los sabios (VV.AA., 2004).

La Virgen María es una figura clave dentro de la religión islámica, siendo la única mujer venerada por los musulmanes. Además, de los ciento catorce capítulos que componen el Corán, en la sura III se narra el nacimiento de María, y la sura XIX, que relata la Anunciación y la Natividad, es la única que lleva el nombre de una mujer: Maryam, es decir, María. Dentro de los pasajes del libro sagrado subrayan la eminencia y la perfección de María, siendo respetada y honrada en todo momento; un ejemplo y una guía para la humanidad. Dios nombra en el Corán veinticinco veces a Jesús; y a María, treinta y cuatro. Historiadores y teólogos musulmanes, como por ejemplo Ibn Hazm (S. XI), Ibn Arabí y Al-Qurtubi (S. XIII) coinciden en llamarla Sayyidatuna Maryam, cuya traducción es «Nuestra Dama María».

Aceptar a Isa —Jesús— es parte importante de la fe islámica, porque es uno de los Profetas, enviados divinos. La fe en Él es indispensable. Jesús dentro del Corán, ocupa un lugar particularmente eminente y de quien los musulmanes no pronuncian el nombre más que con veneración, siendo llamado siempre en el libro sagrado como «Jesús, hijo de María» (`Isa isb Maryam). Además, el profeta Mohammad dedica numerosos elogios consignados en los hadiths. Según Roger du Pasquier:

> Cuando el profeta, a la cabeza de las tropas musulmanas, se adueñó de La Meca, se dirigió a la Kaaba, en la que limpió el interior de ídolos e imágenes, entre ellas la de Abraham, que estaba allí. Sin embargo, hizo la excepción de un icono de la Virgen con el niño: el profeta la recubrió con sus manos y ordenó que se hicieran desparecer todas las demás pinturas y figuras.

En cuanto a la conquista de la Meca por Mohammad, Martin Lings (1983) nos dice:

> Se dirigió derecho a la esquina sudoriental de la Kaabah y tocó reverentemente la Piedra Negra con su bastón, pronunciando a la vez una magnificación. Quienes estaban con él lo repitieron, Allahu Akbar, y a ello se unieron todos los musulmanes que estaban en la Mezquita y toda la Meca resonó con las magnificaciones, hasta que el profeta hizo una señal con la mano para que se callaran. Entonces dio las siete vueltas alrededor de la Santa Casa con Muhammad ibn Maslamah agarrando su brida. En la peregrinación menor ese honor lo había sido concedido a un hombre de Jazrach. Era, por lo tanto, más adecuado que en esta ocasión le correspondiese a uno de Aws.
> Luego el profeta se volvió hacia sus ídolos que rodeaban la Kaabah en un amplio círculo; trescientos sesenta en total. Pasó entre ellos y la casa repitiendo la aleya de la revelación; la verdad ha llegado y se ha disipado lo falso. Ciertamente, lo falso está destinado a disiparse (XVII, 81). A la vez que señalaba a los ídolos uno a uno con el bas-

tón, cada ídolo, al ser señalado, caía de bruces. Después de contemplar el círculo desmontó y rezó en la estación de Abraham, que en aquel tiempo se encontraba junto a la Kaaba (...). Aparte de la imagen de la Virgen María y el niño Jesús y una pintura de un anciano, que según se decía era Abraham, las paredes del interior habían sido recubiertas con pinturas de las deidades paganas. Colocando su mano a modo de protección sobre la imagen, el Profeta le dijo a Uthman que se ocupase de que todas las pinturas fueran borradas.

El avance del Islam no tardó en producirse, fruto de la enorme fuerza y capacidad que tuvo esta comunidad, la unificación de los árabes en torno a una religión cuyo mensaje era universalista y proselitista que prometía una mayor igualdad y prosperidad. Llegó hasta la Península Ibérica a causa del debilitamiento de la monarquía visigótica, la colaboración de los judíos que estaban en tierras peninsulares, los pactos con los poseedores de tierras y que no las perdían siempre que no ofreciesen resistencia junto con la complicidad de la sociedad indígena, muy contraria a los bárbaros, especialmente en la Bética.

Al Ándalus y el Islam nacen y crecen en simbiosis sobre el sustrato culto de la población autóctona romanizada. Especialmente en la Bética, única provincia senatorial de la Península, madre de Séneca y de los emperadores Adriano y Trajano. Eso explica muchas de las peculiaridades culturales y políticas del Islam andalusí con relación a la ortodoxia musulmana que al mismo tiempo se estaba construyendo en Oriente (Rodríguez, 2010).

Aunque los mozárabes cristianos practicaban sus ritos en sus iglesias con participación de quienes abrazaron la fe islámica, y además muchos de ellos gozaban de prestigio y altos cargos oficiales, en época de Abderramán II surgió un movimiento entre ellos en el monasterio cordobés de Tábanos, con el objetivo de hacerse mártires y poder así conseguir formar parte de la historia del cristianismo. Conforme se fue afianzando el poder musulmán, a partir del siglo X en un proceso lento, los mozárabes ocuparon zonas periféricas de las ciudades hasta su expulsión al norte de África, su emigración o su conversión al islam una vez entrado el radicalismo e intransigencia de los almohades. Aun así, la sociedad ya tenía asimilada e interiorizada sus tradiciones y costumbres, sus ritos y actividades hasta tal punto que muchos de ellos se mantuvieron.

Andalucía sincretizó en sí todas las civilizaciones que pasaron por ella. Los astros siguieron adorándose y, en esta tierra, en especial la luna, símbolo de lo femenino, de la maternidad, de la pureza, de la esperanza en la resurrección, porque nace y crece, decrece y desaparece, y luego, en un eterno retorno, reaparece. Su culto, como hemos visto anteriormente, estuvo íntimamente relacionado con la fertilidad y su triple simbolismo (astrológico, mitológico y alquímico ya que es celestial e infernal) fue heredado por la Virgen María. Porque Ella en sí representaría, por consiguiente, la magia de la primavera, del resurgir de la vegetación y las aguas. Se festejaría en romerías donde el bullicio y la alegría harían disfrutar de este período estacional en el que se acudía para retomar el hilo de la vida colectiva, para invocar esas lluvias tan necesarias para el campo y su fertilidad inaugurando el espectáculo de color de los campos. Estos festejos (o estas romerías como quieras poner) se prolongarían durante 50 días hasta el Domingo de Pentecostés sincretizando a todas las Diosas paganas en su ser. Y Esta fue venerada tanto por cristianos como por musulmanes en el sur peninsular siendo representada con la luna a sus pies y coronada por el sol. Pero también a su Hijo Jesús, especialmente su nacimiento, su Natividad, o bien, junto a su Madre como niño, pero asimismo se celebró, en tierras andalusíes, el Jueves Santo tanto por unos como por otros. De una manera u otra simbolizó al dios de la vegetación que fue adorado por todas las civilizaciones.

EL CUERPO Y LA SANGRE
DE CRISTO

AL ÁNDALUS. EL PRIMER RENACIMIENTO
EUROPEO SE DESQUEBRAJA

Desde el año 711 en el que los musulmanes entraron «oficial-mente» en la Península Ibérica hasta 1492, transcurrieron ni más ni menos que ocho siglos. En ese largo espacio de tiempo, los cristianos, arrinconados en una estrecha franja de territorio en el norte, se dedicaron primero a sobrevivir y después a gue-rrear. Hubo períodos de grandeza y supremacía de las armas musulmanas y períodos en que las armas cristianas hicieron sentir su peso sobre los ejércitos musulmanes porque hubo períodos de debilidad, de conflictos internos que ambos ban-dos aprovecharían para atacar al enemigo con ciertas garantías de éxito normalmente. Pero, cómo no, también hubo períodos de treguas acordando vasallaje.

Los musulmanes fueron respetuosos tanto con los judíos como con los cristianos que vivían en al-Ándalus porque eran monoteístas como ellos y compartían las «Sagradas Escrituras»; de ahí que a los creyentes de las religiones hermanas los llama-ran «Gentes del Libro» y los consideraran «poblaciones prote-gidas» (*dhimmis*). Hay que tener en cuenta que Al Ándalus fue uno de los territorios más prósperos y florecientes de la historia islámica. Córdoba se convirtió en centro cultural, artístico e intelectual de primer orden y su influencia se dejó sentir en todo el orbe, siendo la ciudad más espléndida de la Europa de su tiempo.

El Islam de Al Ándalus actuó desde su inicio como una metonimia: una parte que permitió el todo. En contra del discurso estereotipado de las tres culturas, Al Ándalus constituyó una sola civilización compuesta de muchas a la vez. Sincrética. Sin aristas. Como una esfera transparente que contenía en su interior las viejas tradiciones prerromanas, esotéricas, judías, aderezadas con la creencia cristiana en sus distintas versiones, más la musulmana en formación. Mozárabes, sefardíes, musulmanes, paganos y cafres (del árabe kâfir, que significa algo más que no creyente: mala persona sin que le duela la conciencia por ello). Todos andalusíes. Y todos mezclados entre sí, juntos y revueltos, empleando varias lenguas vehiculares, y sobre todas el árabe dialectal adaptado o algarabía. El hispano andaluz. El árabe de Occidente (al garb) en contraposición al árabe coránico oriental (Rodríguez, 2010).

A los musulmanes de al-Ándalus, la literatura cristiana occidental los equiparaba con antiguos paganos e incluso eran denominados con este calificativo pues en los textos latinos se mencionaba que realizaban prácticas idolátricas, es decir, mantenían lo que anteriormente habían sido. Ya Eulogio y Álvaro de Córdoba, autores polémicos mozárabes de mediados del s. IX, apuntaban a la supuesta idolatría de los musulmanes en sus ritos, aspecto resaltado en el *Pasionario Hispánico*, que se refiere al culto de Venus en el mundo islámico (Monteira, 2012).

Los textos de origen franco fueron aún más insistentes y exagerados en la imputación de idolatría a los musulmanes. La Historia de Carlomagno incluida en el Códice Calixtino, cuenta que el emperador destruyó las imágenes de ídolos musulmanes en Hispania, indicando que los paganos tenían un ídolo de Mahoma que era irrompible por un conjuro del demonio (…). Pero es, en las crónicas de la primera cruzada donde la noción de los musulmanes como idólatras aparece más repetida, llegándose a hacer descripciones pormenorizadas de la apariencia de dichos ídolos supuestamente contemplados por los cronistas (Monteira, 2012).

En la segunda mitad del siglo XII, los andalusíes se vieron invadidos por los almohades, *los otros*, una secta islámica extremista, que se hicieron con el control de al-Ándalus e intentaron recuperar las tierras situadas entre el Tajo y Sierra Morena. El peligro fue tan grande que todos los reyes cristianos (Alfonso VIII de Castilla, Sancho el Fuerte de Navarra y Pedro II de Aragón) unieron sus ejércitos a fin de derrotar a los almohades. Esto sucedió en la batalla de las Navas de Tolosa del año 1212 (VV.OO.:2005). Con posterioridad Fernando III conquistará Córdoba en el año 1236, Jaén en 1246 y Sevilla en 1248, donde se introduce la devoción mariana de la Virgen de los Reyes. Atendiendo a la descripción de los Anales de Ortiz de Zúñiga, aquel 22 de diciembre de 1248, un mes después de las capitulaciones de la ciudad:

> Amaneció alegre y dispuesto el triunfo que el religioso culto del santo rey convirtió en procesión devota, precedida del ejército en orden militar, tremolando las banderas vencedoras y arrastrando las vencidas, coronábanle sus principales caudillos, los infanzones, ricos omes, maestres de las Órdenes Militares y luego numeroso concurso de seculares y eclesiásticos, con los arzobispos y obispos, haciendo estado al trono portátil que conducía a una soberana imagen de Nuestra Señora: no me atreveré a resolver si la de los Reyes o la de la Sede, que pueden estar por una y otra muy verosímiles las conjeturas, aunque es más recibido haber sido la de los Reyes, que vemos majestuosamente colocada en la Real Capilla; pero la de la Sede, tutelar y titular de nuestra Iglesia lo está en su altar mayor y es tan antigua su respetuosa veneración que nunca parece tuvo lugar segundo. Remataba San Fernando con su mujer

e hijos (…) por entre la torre del Oro y el río hacia la puerta de Goles, y haciendo un alto en el Arenal, salió Axafat y arrodillado a los pies de san Fernando le entregó las llaves de la ciudad. No es de creer que el religiosísimo rey fuera a caballo sino a pie, cerca del divino simulacro de María.

Alfonso X siguió la conquista con la campaña de Niebla, la expulsión de los musulmanes de Écija en 1253 o la repoblación de Cádiz en 1262. Dos años más tarde estalla la revuelta mudéjar triunfando en poblaciones como Lebrija, Arcos, Jerez, Medina Sidonia, Vejer, Rota y Sanlúcar de Barrameda, pero la reacción de Alfonso X no se hizo esperar, siendo contundente y drástica: cercó y tomó Jerez recuperando las demás poblaciones y los mudéjares fueron obligados a emigrar a África o al reino de Granada, el cual contó con una gran densidad demográfica fruto de la población proveniente de la Andalucía ya conquistada (Clavero, 2006). Atendiendo a Esteban Rallón, a la venida de Jerez del rey Alfonso XI en 1340 tuvo lugar una celebración de los misterios:

> En Xerez estuvo el rey toda la Semana Santa, desde el Domingo de Ramos, en que entró en ella. Asistió a los Oficios Divinos en nuestra Colegial de San Salvador, moviendo en devoción al pueblo, con la mucha con que asistió a la celebridad de los Misterios de Nuestra Redención (…). Anduvo públicamente las estaciones, llevándose tras sí al pueblo, que viéndole devoto y afligido, le imitaba (…). Acompañó al entierro de Cristo, honrando con su presencia aquel acto tan piadoso, tierno y devoto (Rallón, 1998).

En Granada y su reino, todos los musulmanes que venían de otros lugares de España conquistados por los cristianos y que no se sentían a gusto con sus nuevos amos, encontraron acogida pero, también, muchos judíos que se vieron amenazados por los cristianos por medio de una legislación antisemita en Castilla contenida en las *Partidas* de las Cortes de Valladolid de 1258, de Sevilla de 1269 junto con el Fuero Real pero, sobre todo, con el concilio de Zamora de 1313, donde fue recomendada la aplicación en la Península de las restricciones ejercidas en Europa desde hacía un siglo:

> Los obispos manifestaron que los judíos debían ser conservados únicamente por razones de humanidad sin otorgarles ningún derecho; culpables de un doble crimen: la crucifixión de Jesús y la negativa ante la evidencia de la redención, permanecerían entre los cristianos sólo para ser convertidos al cristianismo y desaparecer como judaísmo. Para ello confeccionaron un programa que consistía en suprimir la convivencia dañosa entre cristianos y judíos; prohibición a los judíos del ejercicio de oficio y dignidad que comporte algún poder sobre los cristianos, tampoco podían testimoniar contra ellos, y finalmente, obligarles a llevar una señal visible en la ropa; aunque podían conservar sus sinagogas, no podían aumentar su número; tampoco podían trabajar en los domingos y fiestas cristianas y debían permanecer en sus casas del Miércoles Santo al Sábado de Gloria (Sánchez, 2008).

LA LLEGADA DE LOS CASTELLANOS A TIERRAS ANDALUZAS

Aunque la llegada de los castellanos a tierras andaluzas se produjo en períodos diferentes, el contacto e intercambio fue innegable al igual que lo había sido en toda la Península. En todos los territorios conquistados de al-Ándalus en definitiva, pero en el sur, aún más. Y es ese motivo, unido al marco físico territorial, lo que explica lo mucho que sobrevivió, manteniéndonos a nosotros mismos a pesar de la homogeneización que se impuso del nacionalcatolicismo. Tal y como expresa Domínguez Ortiz (1981):

> Sin embargo, es evidente que, a pesar de esta castellanización humana, religiosa, idiomática, institucional,

mucho sobrevivió de lo anterior. Desde los comienzos de la Andalucía moderna se nos aparece ya con unos caracteres propios claramente diferenciados al resto de España. No se ha investigado aún con suficiente profundidad este hecho, que debe tener raíces múltiples; de un lado, supervivencias culturales que sólo necesitaban de pequeñas minorías humanas para su transmisión.

Como iban conquistándose territorios hacia el sur peninsular por parte de los cristianos, la devoción a Cristo se empezó a instaurar, celebrándose las tres Pascuas, mayormente la Navidad y la Resurrección. A su vez, el culto a Santiago Matamoros a partir del siglo IX así como a santos comunes a toda Iglesia primitiva, a los hispanos-visigodos y a otros que fueron incorporándose a partir del siglo XI pero, especialmente, la principal devoción fue a la Virgen María surgiendo romerías y peregrinaciones, procesiones y, cómo no, ofrendas.

El germen de los santuarios pasionistas en Europa ha sido localizado en el sur de España, en Córdoba, gracias a los dominicos de Scala Coeli. El verdadero artífice de dicho complejo fue san Álvaro, quien se nos presenta como un gran amante y un contemplativo de la Pasión de Jesús en Scala Coeli, donde realiza un compendio espiritual de su seguimiento a Cristo y a santo Domingo, y de sus experiencias en tierra santa (…). Estaba compuesto por una serie de oratorios evocativos de los santos lugares los cuales no estaban destinados a ser habitados, sino al ejercicio de la oración a determinadas horas del día: La cueva de san Álvaro o Getsemaní, en lo alto de un Otero, al que un valle Cedrón. La vía calvarii, empezaba en el convento y termina en la loma donde se colocaron tres cruces. En ella pretendió reproducir la vía Dolorosa con sus diferentes estaciones, desde la iglesia hasta el cerro donde situó el locus calvarii, a una distancia aproximada de un kilómetro. La mismas se completan por el grupo tercero y el cuarto, de carácter ornamental y devocional, conformados la ermita de la Magdalena y una cruz de mayo. Eran recorridas por el dominico todas las noches. El gran continuador de san Álvaro de Córdoba fue el granadino fray Luis de Granada (Valverde, 2019).

Haciendo referencia a Santiago Matamoros, nos encontramos con una tradición que engloba en sí tres mitos sin ninguna fundamentación histórica, ya que no hay testimonios fehacientes y fidedignos: su predicación en Iberia, el traslado de sus restos de Jerusalén a Galicia y el descubrimiento de su sepultura (Herbers, 2015). Es por ello que «la historia del hecho jacobeo se avala en la autosuficiencia de una naturaleza divina» (Márquez, 2004). Ya Julián, arzobispo de Toledo en época visigoda, era conocedor de la tradición de la predicación de Santiago en Hispana, pero no la admitían (Castro, 1989).

> Su primera afirmación aparece en el Breviarium Apostolorum (siglo VII), mientras que la primera mención local que lo vincula a la Península se registra en el himno O Dei Verbum, atribuido al monje Beato de Liébana y considerado como el «acta de nacimiento» de dicho culto, en un texto que aclama a Santiago como «refulgente cabeza y patrono de Hispania» (cit. en García, 2023).

Tal y como exponen diferentes autores, el origen del culto jacobeo en la Península está estrechamente ligado a la presencia musulmana.

> Aunque el citado himno carece de connotaciones bélicas, tal vez haya elementos que permitan ponerlo en conexión con el islam. En este sentido, resulta de interés la apelación a la condición salvífica del apóstol respecto a la peste y a «toda enfermedad, calamidad y crimen», pues entre los malos que aquejaban a los cristianos peninsulares ocupaban, sin duda, un lugar destacado los musulmanes (García, 2023).

Y, aunque en un principio, dentro de la sacralización del carácter bélico por parte de los cristianos, Santiago no estaba vinculado al mismo, a partir del siglo XI, fruto de la reforma de la Iglesia y la noción de Guerra Santa e idea de Cruzadas, así como el surgimiento de órdenes militares, se necesitó la intervención de santos que, yendo a caballo, lucharan contra el Mal. De ahí que en Castilla se adoptara con el tiempo Santiago Matamoros mientras que, en el Reino de Aragón, San Jorge. Ambos combatiendo frente a las tropas donde sus intervenciones sobrenaturales serían culminantes para ganar las batallas. A partir de entonces, su representación como un caballero victorioso y glorificado que aplasta a su enemigo. Pero no es una iconografía nueva, pues es comparable con la que podemos observar en las tumbas de los príncipes aqueménidas en el valle de Naqs-i Rustan (Irán) sin olvidar que los romanos fueron muy dados a representar a sus emperadores ecuestres y triunfantes sobre los enemigos vencidos, imagen que se relaciona con el Ad-ventus —entrada triunfal del emperador en la ciudad— y que permanece hasta las postrimerías del Imperio (Monteira, 2012).

Algunos historiadores argumentan que fueron mozárabes emigrados de Guadix a Galicia los verdaderos inspiradores de la leyenda de Santiago, de acuerdo a similitudes existentes entre ambos mitos, llevándose consigo los restos del varón apostólico al norte peninsular y escribiendo su llegada a tierras accitanas siglos antes. Todo ello se dio lugar en un período en el que, en tierras andalusíes, viajar a la Meca y Medina como peregrinaje se llevaba a cabo por poetas, geógrafos, matemáticos, médicos, botánicos, historiadores y sabios hispano-musulmanes entre los que destacaré al almeriense Al-Udhri (siglo XI) y al malagueño Ibn al-Baytar (siglos XII-XIII) entre otros.

En cuanto a la Virgen María, ya en el siglo XIII se difundieron varias colecciones de milagros atribuidos a Ella, como fueron las *Cantigas* de Alfonso X el Sabio, que debían ser recitadas en las iglesias, los *Milagros de Nuestra Señora*, siendo este uno de los primeros textos castellanos, realizado por el monje Gonzalo de Berceo.

LAS TARIQAS ANDALUSÍES VERSUS LAS COFRADÍAS CRISTIANAS

La religiosidad popular se organizaba en cofradías y hospitales bajo la advocación de un santo patrón o protector, tomando gran auge a partir de estos momentos siendo documentadas desde el siglo XI y teniendo una doble faceta: civil y religiosa. Principalmente las cofradías eran gremiales, pero existieron otros tipos de tipologías dependiendo de la clase de beneficio que pretendían y, de todas ellas, tenemos constancia de su existencia en Sevilla, tras su conquista.

> Entre ellas se distinguían las llamadas de tipo piadoso, cuyo fin último es tributar culto a advocaciones como las del Santísimo Sacramento, la Vera Cruz o las de la Preciosa Sangre. Otras cofradías, llamadas caridades, tenían como objeto atender a los más desfavorecidos; pobres, enfermos, extranjeros y similares. En ocasiones incluso levantaban hospicios que eran administrados por un «hermano pontífice», motivo por el que a veces se les denominada «cofradías de puentes». También era habitual el término «Cofradías de Misericordia» (…). Otras cofradías se fundaban con la idea de rezar por el mantenimiento de la paz en los reinos cristianos (VV.AA.: 2020).

La cofradía era un lugar de convivencia, de vínculo con tus hermanos, de establecer lazos de comunidad donde sus miembros periódicamente realizaban banquetes para reforzarlos siendo, su no asistencia, motivo sancionador. Las cofradías tuvieron su eclosión desde el siglo XI en adelante, pero, hasta finales del siglo XV y primer cuarto del siglo XVI, no aparecieron las penitenciales o de Semana Santa. Pero, este tipo de organización no era nada nuevo. Tal y como expone López Martín, «el mundo helenístico y romano que llena la vida del mundo mediterráneo en el momento de la aparición del Cristianismo abundaba en organizaciones de *collegia* y *sodaliticia*, en agrupaciones de fieles con finalidad de iniciaciones místéricas» (cit. VV.AA.: 2020) y fue, de esta manera, como tanto la cristiandad como el islam adoptaron muchos elementos de estas instituciones.

En el Islam y, por consiguiente, dentro de al-Ándalus, existía una dimensión mística; un fenómeno espiritual que trasciende a sunitas y chiíes. Es, esencialmente, la fructificación del mensaje espiritual del Profeta, el esfuerzo para revivir personalmente sus modalidades, mediante una introspección del contenido de la Revelación coránica. El *mi'râj*, la «asunción extática» en el curso de la cual el Profeta fue iniciado a los secretos divinos, sigue siendo el prototipo de la experiencia que todos y cada uno de los sufíes se han esforzado en alcanzar. El sufismo es una protesta deslumbrante, un testimonio irremisible del Islam espiritual, contra toda tendencia a reducir el Islam a la religión legalista y literalista (Corbín, 1994: 374).

Sufismo deriva de *suf* (lana), haciendo mención a las túnicas sencillas que eran utilizadas por los primeros místicos-ascetas musulmanes (Veinstein:1995). Este ascetismo nació como una respuesta de las almas piadosas frente a unos líderes preocupados más por los asuntos temporales que por los eternos: los califas omeyas (Eliade: 1984). Sus devotos se fueron organizando en cofradías (*tariqas*) constituyendo un marco de solidaridad y estabilidad. Las *tariqas* se convirtieron así en una asociación de fieles que, organizándose en comunidad, sus miembros llegaban a adquirir un sentimiento de identidad y pertenencia. Eran un encuentro con sus hermanos vecinos que, a través de ceremonias regulares llegaba a existir, por un lado, intercambios entre los devotos y el santo fundador (peticiones, presentes y ofrendas), y entre ellos mismos (comida compartida, intercambio de consejos, etc.) pero también como ayuda humanitaria en caso de enfermedad de un hermano. A su vez contaban con el *sheij*, líder de la *tariqa*, guía espiritual cuyos aprendizajes fueron transmitidos de generación en generación remontándose hasta el santo fundador de la *tariqa* culminando, dicho vínculo, con el mismísimo Profeta. El líder, poseedor de *baraka*, poseía poderes paranormales y era la máxima autoridad para dirigir los ritos. Las *tariqas*, a su vez, proporcionaban consuelo frente a las vicisitudes diarias.

En la época califal andalusí (siglo X), las doctrinas de Ibn Masarra se continuaron con el foco de pensamiento sufí establecido en Pechina, el cual fue extendido tempranamente a la Taifa zirí de Granada (siglo XI) tal y como nos expone Beatriz Elvira Cano (2022). Durante el Reino de Granada, el sufismo tuvo un gran impacto y desarrollo. La dinastía nazarí también estuvo estrechamente vinculada a esta práctica donde se adoptó un sufismo elitista, siguiendo los principios más puramente ortodoxos que dejó al-Gazali fruto de la herencia de los almohades. Pero especialmente, el sufismo se llevó a cabo en las áreas de interior y montañosas como las Alpujarras a través de figuras como Abu Marwan al-Yhanisi, originario de Ohanes (Almería) relatado por Ahmad ibn brahuim ibn Yahyà al-Azdi al -Qastali, natural de Castril (Granada). Se crearon rábitas que se convirtieron en estructuras que configuraban la comunidad rural y el tejido urbano de la alquería, convirtiéndose con el tiempo en equivalentes a las *záwiyas* (lugar de retiro y perfeccionamiento espiritual), morabitos y, todo ello, bajo el amparo de cofradías (*tariqa-s*).

LA TOMA DE GRANADA. ADOCTRINAMIENTO Y EVANGELIZACIÓN

Pero el último reducto musulmán en la Península empezó a desmoronarse. La situación de Granada se hizo insostenible tras la caída de Málaga, Baza y Almería. Boabdil intentó hacer varios ataques a los cristianos, pero desafortunados. Granada se encontraba empobrecida por las diferentes luchas civiles y superpoblada, ya que fue allí donde se refugiaron la mayoría de los andalusíes musulmanes que rechazaban vivir en territorio conquistado, pero llegó un momento en el que era insostenible la situación. El 28 de noviembre de 1491 se promulgan las condiciones de la capitulación, las cuales tenían cierta transigencia con sus habitantes respetando sus usos y costumbres, sus alfaquíes y ulemas, sus propiedades, entre otros muchos aspectos. Meses antes, cientos de musulmanes, entre los que estaban muchos de la élite, se bautizaron voluntariamente, entre los que destacaremos al infante Cici Yayha Alnayar, que adoptó el nombre de Alonso de Granada Venegas, al hijo del último gran visir de Boabdil, Ibrahim Ibn Kumasa que pasó a ser Juan de Granada, e incluso al cadí accitano que tomó el nombre de Fernando de Carmona. Estos bautizos hicieron pensar a los Reyes Católicos que el islam desaparecería de manera pacífica en Granada.

Se establece una subversión social y económica suministrándose una idea clara de régimen señorial. A González de Mendoza le es otorgada la sierra de Cenete; al condestable Pedro Fernández de Velasco, Sorbas y Lebrilla; a don Alonso de Cárdenas, maestre de Santiago, Jergal y su tierra; a don Diego Pacheco, marqués de Villena, Serón, Tíjola y sus alquerías; a don Luis Biamonte, condestable de Navarra, Huéscar; a don Enrique Enríquez, tío del rey, la sierra de los Filabres, con pueblos y alquerías, entre otros. No se debe olvidar que también se hicieron donaciones, por vida y sin jurisdicción, y se concedieron posesiones y juros a iglesias, catedrales, parroquias, conventos, etc. Estas son algunas de las mercedes concedidas por los Reyes Católicos, pero es de especial consideración las Alpujarras recibidas, una gran parte de ellas, por juro de heredad, a Boabdil. Atendiendo al secretario de Isabel y Fernando, en una carta fechada en Granada en diciembre de 1492:

> Los abencerrajes llevaron sus mujeres a la Alpujarra. Después de haber vendido aquí todas sus haciendas, aderezan para partir en fin de marzo, y a mi ver toda la más de la gente hace talegas para partir para este tiempo. Y crean vuestras Altezas que venido el verano no quedarán aquí, ni aun creo que en la Alpujarra, sino labradores y oficiales que a lo que veo todos los más están de camino; y no por malas obras que reciban, que creo que nunca gente se trató mejor.

Boabdil se asentó en Andarax por algún tiempo. En una carta del 9 de diciembre de 1492 el secretario narra que «el rey Muley Badilí y sus criados andan continuamente *á caza con azores y con galgos, y allá está* agora en el campo de Dalia y en

Verja, aunque su casa tiene en Andarax, y dicen que estará allá por todo este mes». Tras una serie de intrigas y presiones que tuvo que soportar, el 27 de enero de 1493, vendió sus bienes y señoríos aunque no se marchó hasta septiembre debido a la enfermedad de su mujer, que murió en agosto partiendo con sus antiguos súbditos y una gran cantidad de hombres ricos, sabios y guerreros. Fue recibido por la corte de Fez y murió en 1526 en el campo de batalla (Caro, 1976). Granada se vio, en pocos años, sin las personalidades más representativas de ella, pues bastantes familias musulmanas importantes se vieron obligadas a ir a vivir a las alquerías que tenían en el campo y a los arrabales de la ciudad quedándose en manos de otros jefes de diferentes leyes y religión y con un espíritu de triunfadores.

> La primera ciudad cristiana convive, en el plano artístico y cultural, con su pasado musulmán, mientras se afana por encontrar su propia identidad. En los primeros años post-nazaríes, dentro de la iconografía introducida por los Reyes Católicos, destaca sobremanera las representaciones de la Virgen, con dos modelos iconográficos: el de la Virgen del Popolo y el de la Virgen de la Antigua. Con la cristianización forzosa de los mudéjares granadinos, el poder cristiano se señorea sin cortapisas en la ciudad con las obras marianas de Ruberto Alemán o Petrequín Picardo, o la iconografía del Niño Jesús o del Salvador, ante la aversión de los moriscos por la Crucifixión (Valverde, 2019).

La Virgen de la Antigua es traída por los Reyes Católicos a Granada desde Sevilla, de donde es originaria cierta leyenda, la cual contaba que «la pintura ubicada en uno de los pilares exentos de la catedral tenía un origen milagroso (pues no estaba pintada por la mano del hombre) y su intercesión fue decisiva para la toma de la ciudad por Fernando III» (Crespo, 2022). Isabel la Católica convierte la Virgen de la Antigua en emblema de la conquista, siendo representada como conductora de la humanidad fervorosa.

Poco después de la toma, los viajeros que se acercaban a tierras granadinas admiraban la ciudad en sí y, especialmente, la Alhambra, pero también su actividad económica basada esencialmente en la producción de sedas. Jerónimo Münzer, en 1494, tras su visita a Granada y su reino alabó los huertos de la vega granadina. La alimentación de la Baja Andalucía era comparada con la del Reino de Granada por ser exactamente igual, constituida por cereales, legumbres, frutas y hortalizas. Pero, cómo no, la importancia del aceite de oliva que era parte de su dieta para guisar o para aliñar platos y ensaladas. Existía, como era lógico, una fuerte identidad musulmán a fruto de las disposiciones relativas a la libertad de practicar el Islam recogidas en las capitulaciones, pues ya Boabdil, en el texto que propuso, resumió lo esencial:

> Otrosí, que sean obligados sus altezas y sus descendientes para siempre a dejarlos vivir en su ley y en su xaraçuna, y sus mezquitas, y sus alcadís, y sus almuédanos con sus torres y que les consientan dar voces a sus almuédanos como solían antes, con sus costumbres (Garrido, 1992).

Pero las capitulaciones fueron desarrolladas de manera más extensa insistiendo en el marco comunitario y la estructura de poder que ofrece la aljama, pero con ciertas modificaciones. Entre ellas la llamada de la oración:

> Ítem es asentado y concordado que sus altezas y sus descendientes para siempre jamás dejarán vivir al dicho rey Muley Baudili y a los dichos alcaides y alcadís, y sabios, y moftíes, y alfaquíes, y alguaciles, y caballeros y escuderos, y viejos y buenos hombres, y comunidad, chicos y grandes, y estar en su ley, y no les mandarán quitar sus algimas y zumaas, y almuédanos, y torres de los dichos almuédanos, para que llamen a sus azalaes, y dejarán y mandarán dejar a los dichos algimas sus propios y rentas como ahora los tienen, y que sean juzgados por su ley saracena con consejo de sus alcadís, según costumbre de los moros, y les guardarán y mandarán guardar sus buenos usos y costumbres (Ladero, 1988).

Esta variación supuso la prohibición del canto de los almuédanos aunque, Jerónimo Münzer sí que pudo escucharla durante su paso por la ciudad en 1494 pero, años más tarde, la llamada vocal fue suprimida.

Desde un punto de vista social hay que destacar lo acontecido en 1498, ya que la ciudad fue dividida en dos partes: la cristiana y la de la morería estableciéndose unos límites mediante acuerdo en que aparece Mohammed el Pequeni como representante de los moros, y en el mismo acuerdo se estableció que irían a poblarla quinientos mercaderes, tratantes y oficiales de lo más distinguido, incluso algunos de carpintería y albañilería, aunque sean mudéjares, además de cuatrocientos labradores que poblarían el Albaicín, donde se les dieron casas a cambio de las que dejan en la parte reservada a los Cristianos (Caro, 1976).

En un principio, el gobierno del reino de Granada y su ciudad fue encargado a don Íñigo López de Mendoza, conde de Tendilla, primer alcaide y capitán general de Granada y Fray Hernando de Talavera, arzobispo cuya intención era, desde un principio, la tolerancia y convivencia. Fray Hernando de Talavera influyó bastante en la reina Isabel, siendo no solo su confesor, sino también un hombre de finanzas. En 1492 es nombrado arzobispo de Granada, residiendo en una diócesis compuesta, mayoritariamente, por musulmanes. Debía fundar iglesias, conventos y designar beneficiados, pero, sobre todo, convertir al cristianismo a aquella población. Talavera deseó en todo momento que dicha conversión fuera desde un punto de vista sincero. Aprendió árabe con objeto de evangelizar a los granadinos, obligó a su clero también a que lo supieran, escribió catecismos y libros de oraciones y tuvo buena conexión con los imam de las mezquitas. Su política de integración de los moriscos se basaba en la detección y prohibición de sus prácticas específicas, denunciadas como vehículos del islam. Tal y como expresa Poutrin, I. (2020): «Talavera insistía en que los convertidos debían conocer las oraciones y los ritos cristianos y recibir los sacramentos. También debían olvidar su modo de vida anterior (íntimamente ligado a la pertenencia a la comunidad musulmana) para adoptar la lengua, costumbres y tradiciones cristianas». Es así que, en una carta de instrucciones a los habitantes del Albaicín, Fray Hernando de Talavera expresa que:

> Mas, para que vuestra conversación sea sin escándalo a los cristianos de nación y no piensen que aun tenéis la secta de Mahoma en el corazón, es menester que vos conforméis en todo y por todo a la buena y honesta conversación de los buenos y honestos cristianos y cristianas en vestir y calzar y afeitar, y en comer y en mesas y viandas guisadas como comúnmente las guisan, y en vuestro andar y en vuestro dar y tomar y mucho y más que mucho en vuestro hablar, olvidando cuando pudieres la lengua arábiga y haciéndola olvidar y que nunca se hable en vuestras casas (cit. Ladero Quesada, 1993).

A la muerte del cardenal Mendoza, en 1495, los Reyes Católicos pensaron en Cisneros para ocupar la sede arzobispal de Toledo. Este dudó en un principio de dicho cargo, pero al final lo aceptó comenzando así su labor de apostolado.

Después de una serie de años, desafortunadamente, a pesar del talante tolerante, pacífico y de convivencia de Hernando de Talavera, no obtuvo los resultados que se esperaban. Dentro de los cristianos, por un lado, estaba el pensamiento de los seguidores de Talavera; por otro, aquellos que pensaban que se debía convertir a los moros de un modo rápido, sistemático, atendiendo más a movimientos políticos que a razones espirituales.

En 1499, los Reyes Católicos visitan Granada y comprueban que poseía aún el aire totalmente musulmán. Debido a ello, decidieron optar por el ideal del cardenal Francisco Jiménez de Cisneros, quien implantó una política de persecución culminándose con las leyes que obligaban a la conversión forzosa o al exilio así como la quema de la mayoría de libros árabes. La razón de Estado no era sino la razón de Dios: los granadinos serían cristianos a las buenas o a las malas. Los moriscos se rebelaron, siendo denominados cristianos nuevos. El desencadenante de ese suceso fue relatado por el cronista granadino Luis del Mármol.

Francisco Jiménez de Cisneros organizó bautismos en masa, sin dilaciones ni escrúpulos, padeciendo, aquellos que se negaban, torturas y prisiones. Los musulmanes convertidos pasaron a llamarse moriscos y fueron, desde entonces, un foco de inestabilidad y recelo en Castilla pues, en sus mentes, habían sido marcados dos aspectos que no borrarían ni ellos ni sus futuras generaciones: la conversión era forzosa y los Reyes Católicos habían quebrantado las capitulaciones. Por medio de una pragmática de 31 de octubre de 1499 se otorgó unas ventajas económicas y jurídicas a aquellos que aceptaban la fe católica así como no ser molestados por la Santa Inquisición. La ciudad de Baza fue el núcleo que contó con mayor cantidad de conversiones voluntarias. Un mes y medio más tarde, la mezquita mayor del Albaicín es convertida en Iglesia bajo la advocación de Nuestra Señora de la O (Sánchez, 2008). El culto musulmán se prohibió y la llamada a la oración se dejó de hacer. Algunos alfaquíes fueron bautizados y fueron reasignados profesionalmente, fundamentalmente como maestros de escuela de niños, como fue el caso del alfaquí Aleby, que tomó el nombre de Juan de Velasco. A principios del año 1500, el cardenal Cisneros recogió los añafiles y, como trofeos, los envío a la catedral de Toledo:

> Entre muchos alfaquíes de las más principales personas de todo este reino que se han convertido, se han tornado cristianos dos almuédanos que llamaban a los moros a su oración, o maldición, y nos han traído los añafiles con que tañían, los cuales mandamos guardar para que se pongan en esa nuestra iglesia en algún lugar. Desde el día de Nuestra señora aquí no han llamado ni se ha oído cosa del mundo en la mezquita mayor del Albaicín, y en habernos traído las trompetas y añafiles con que llamaban a la sala y ser convertidos los que llamaban, recibimos aquellos añafiles como si nos entregaran las llaves, y será que pongan aquellos añafiles, que son muy grandes, de azófar, en el altar de San Alifonso (cit. en Ladero Quesada, 1993).

A modo de ejemplo, el día 30 de septiembre de 1500, los Reyes Católicos otorgaron una capitulación a los dichos moros y moras de la Ciudad de Baza y villas que se habían convertido a la fe católica, entre las que destacamos:

— Que los nuevos convertidos estén exentos de pagar los derechos moriscos, y a cambio desde el día que se convierten tienen que pagar el diezmo y primicia de todas sus labranzas y crianzas de todos sus frutos y ganados y otras cosas así como los otros impuestos que pagan los cristianos viejos.

— Que se rijan por las leyes y ordenanzas según que los otros nuestros vasallos cristianos.

— Que los nuevos convertidos no tienen que aposentar a los cristianos viejos en contra de su voluntad.

— Declaración de una amnistía a todos los perseguidos mudéjares que se conviertan.

— Que los documentos árabes tengan validez ante los escribanos públicos.

— Que se mantenga la comunidad de pastos existente en la época de los reyes moros.

— Que en lo referente al gobierno sean tratados y regidos y gobernados como los otros vecinos cristianos de la ciudad (Gallego y Gamir, 2007).

Con la llegada de Felipe el Hermoso, este se sorprende ante la multitud de «moros blancos» que descubre en su visita a España en 1501. Según el cortesano Antoine de Lalaing:

> En ese año de mil quinientos y uno, en mayo, Monseñor, estando en Toledo con el rey y la reina, fue advertido de la multitud de moros blancos que habitaban las Españas. Intrigado por el caso, inquirió por qué se toleraba, y se le respondió que la causa eran las grandes sumas de tributo que pagaban; pues cada cabeza, grande y pequeña, aportaba un ducado de oro por año. Y Monseñor respondió que tal vez algún día hicieran al reino más daño de lo que le aportaban con su tributo, tal cual habían hecho antaño y podrían volver a hacer. Tanto prolongó Monseñor sus palabras que estas llegaron a oídos de la reina. Por eso,

para complacer a Monseñor, y sabedora también de la justeza de lo que este decía, ordenó ella que dentro de los cuatro o cinco meses siguientes, marcháranse (los moros) de sus tierras o se hiciesen bautizar y sostuvieran nuestra fe; cosa que muchos hicieron, algunos de ellos, tengo para mí, más para conservar sus bienes que por el amor de Dios. Los otros regresaron a su país, y no pocos fueron despojados y saqueados en el camino». (cit. en Gachard,1882).

Fray Hernando de Talavera visitó las tierras alpujarreñas en el año 1502 donde, gracias a las memorias de Francisco Núñez Muley, quien asistía como su paje, podemos conocer su estancia en la población de Ugíjar:

Demás desto puedo decir que yo serví al Santo Alçobispo por tres años y mas por paxe, y fui con el a una visita que visito a todas las alpujarras; y en la villa de Uxixar posava en una casa en lo más alto de la villa que se dize Albarba y hera tan lexos la iglesia tanto como del Audencia Real a la plaça de Vibarrambla, y la dicha zambra le aguardava a la puerta de su posada, y saliendo para yr a la iglesia, tañían todos sus ystrmentos y zambras que yban delante del y toda gente que se hallaba hasta entrar con el a en la iglesia; y cuando su señoria dezia la misa en persona, estaba la zambra en el coro con los clérigos, en los tiempos que avian de tañer los órganos porque no los aviar respondía la zambra y estrumentos della, y dezia en la misa en algunas palabras en arábigo, en especial, cuando dezia «Dominus Boyspon» «dezia» y «barafiqun». Esto me acuerdo dello como si fuese ayer, en el año de quinientos y dos; y si ay algunos de los que entonces serbian al dicho señor alçobispo lo qual pienso que no queda algunos conocidos que ayan quedado en esta tierra, acordaran de algo dello de lo que yo digo; y desta manera andava por las alpuxarras y más principales villas y lugares della (...).

El 11 de febrero de 1502, Cisneros fija una fecha para la conversión de todos los musulmanes dándole dos opciones: aceptar el bautismo o marcharse a África. Desde 1503 ya no hay musulmanes en Castilla. Nace la población morisca. Con el fin de conseguir la exención de servicios a la Corona existían varias maneras de hacerlo tal y como nos argumenta Castillo Fernández, Javier (1995):

> Demostrar que el interesado se había bautizado voluntariamente antes de la conversión general, con lo cual se le consideraba legalmente como cristiano viejo(...). Demostrar que se era noble de origen musulmán, lo que automáticamente si iba unido a buenos servicios a la Corona y a una posible sincera conversión equivalía al estatus de hidalgo (...). Un rasgo distintivo de ser morisco leal y prácticamente noble era el de poseer y portar armas, algo totalmente vedado y perseguido por la justicia (...) poseer esclavos negros, pues la Corona temía que los siervos se convirtieran al Islam al contacto con sus amos (...). Si a todo ello le unimos otros signos y gestos externos como el de poseer caballo, vestir a la castellana, contar con casas y mobiliario de tipo cristiano y relacionarse con cristianos viejos tenemos encuadrado perfectamente el típico morisco medrador y colaboracionista. Todo ello sin olvidar el importantísimo aspecto de religiosidad externa en la que se convirtieron en auténticos campeones (memorias, capillas, mandas piadosas, procesiones, miembros de cofradías, comunión y confesión diaria...).

La Iglesia veía extendida su jurisdicción en unos nuevos territorios y una nueva población cuyas necesidades de culto, formación y, sobre todo control, debían ser atendidas. Las mezquitas se convertían en parroquias ante la mirada de los cristianos viejos que imponían su poder y los musulmanes que asumían su derrota. Durante el reinado de los Reyes Católicos se nombran 132 arzobispos y obispos. El día 26 de mayo de 1505 es la fecha en la que Fray Diego de Deza, arzobispo de Sevilla, en su función de comisario y ejecutor nombrado especialmente para tal misión,

Firmó en la ciudad de Segovia la bula de erección de las primeras parroquias creadas tras la dominación musulmana [...]. La Parroquia no es un organismo burocrático para facilitar el gobierno de las diócesis, sino que es fundamentalmente una unidad pastoral básica para llevar a cabo la misión evangelizadora de la Iglesia, dentro de un espacio concreto. Ella en efecto, bajo la dirección de un sacerdote, que representa al obispo y colabora con él, hace posible la función pastoral de éste, en su triple dimensión de enseñar, santificar y presidir en la caridad (Garrido, 2005).

Con las erecciones parroquiales quedaba definitivamente asentada la estructura eclesiástica en el Reino de Granada, comenzando así el proceso de aculturación y de sometimiento de la población morisca a la burocracia eclesiástica. Y si hablamos de aculturación y sometimiento y no de evangelización es porque, pese al esfuerzo desplegado, pesaba enormemente el hecho de que las conversiones no habían sido voluntarias, sino forzadas, y de que ante ello los moriscos aplicaron *la taqiyya* o disimulación de respetar en la forma de normas, pero en su interior mantener la fe islámica (Garrido, 2005). En todo lo que fue su Reino, las catedrales e iglesias mayoritariamente fueron bajo la advocación de la Encarnación.

En ella, junto a la figura de Cristo, se acentúa el papel de María, Virgen y Madre; el paralelismo entre el establecimiento de la Nueva Alianza de Dios con su pueblo y los nuevos tiempos que inauguraron Isabel y Fernando queda patente en la propaganda de la época, con el arte de por medio, por ejemplo, en el colosal retablo mayor de la Capilla Real de Granada. El arte gótico ya dio muestras de ese naturalismo familiar y cercano, que se haría todavía más palpable en el arte renacentista. Y no sólo el arte; la literatura doctrinal y la predicación abundaron en esas (...). Tampoco debe minusvalorarse el sentimentalismo como resorte de esa nueva concepción que se abre paso, fuente de inspiración de los fieles. Un Dios que sufre es un dios cercano. (López-Guadalupe, 2018)

Mientras tanto, durante todo el Medievo finisecular de Jerez, la institución de devociones, prácticas y cofradías estaba vinculada a Santa María y a episodios de la vida del Salvador.

> Así, si hacemos un repaso a las cofradías que se mencionan en distintas nóminas, comprobaremos que para el siglo XV Hipólito Sancho registra trece hermandades, de las que seis son marianas; Manuel Romero Bejarano, ocho, de las que tres son marianas y una de Cristo; y Silvia María Pérez, veinte, de las que ocho son de María y dos del Señor. Lo cierto es que desde estos últimos años del Medievo el ciclo litúrgico cuenta con estaciones obligadas en Semana Santa y en las festividades cristológicas (…), así como en las conmemoraciones marianas: Las Cántigas del rey Sabio son reflejo de esta piedad cada vez más humana y más cercana a las necesidades más perentorias de protección (Vega y García, 2022).

En Sevilla, por entonces, ya estaba creada la Hermandad de los Negros fundada por el arzobispo don Gonzalo de Mena anteriormente al 1400 tal y como recoge el analista Zuñiga. El Prelado hispalense había mandado levantar un hospital, capilla, cementerio y huerto, para la protección de los muy desamparados morenos cerca de la Cruz del Campo.

EL CULTO A LA VERA CRUZ

Pero debemos mencionar el culto a la Vera Cruz, que fue la forma de piedad más extendida y popular en la Baja Edad Media dando lugar a prodigiosas leyendas en torno a la Verdadera Cruz de Cristo (Lignum Crucis) en toda Castilla y Andalucía. Y todo ello se debe a la madre del emperador Constantino, santa Elena, quien viajó a Jerusalén con la intención de hallar la Cruz de Jesús. Una reliquia que, una vez encontrada bajo un templo en honor a la diosa Venus, atrajo a multitud de peregrinos como a la dama Egeria. La Verdadera

Cruz simbolizaba, ni más ni menos, el instrumento a través del cual Cristo había vencido a la muerte pero, a su vez, también se decía que había sido tallada con la madera del árbol del Bien y del Mal tal y como es recogido en «La Leyenda Dorada» de Santiago de la Vorágine escrita a mediados del siglo XIII. Pero, a pesar del carácter místico, la religiosidad popular no veía más que un instrumento de tortura, un símbolo de sufrimiento de Jesús por nuestros pecados; una imagen de sacrificio, dolor y pasión. Su contemplación recordaba que el Hijo de Dios era un ser humano, de carne y hueso. Un dios cercano. Igual que cualquiera de ellos y no alguien divino y sobrenatural. La Cruz Verdadera más que un icono milagroso se convertía en una señal de sufrimiento. Estos motivos dieron lugar a su expansión y culto durante los siglos XII y XIII. Los fragmentos de la cruz se extendieron por toda Europa siendo del tamaño de una espina la mayoría de ellos comenzándose a adorar dichas reliquias (*lignum crucis*) y convirtiéndose en señales de lugares fronterizos con el sur peninsular. De ahí que nos las encontremos en ciudades andaluzas como Sevilla o Jerez. De ahí en Caravaca de la Cruz y Abanilla. Ambas estas últimas en Murcia. Todas en zonas fronterizas con el antiguo reducto musulmán: el reino de Granada.

En el Bajo Guadalquivir, tierra inestable por su proximidad al Reino de Granada y al estrecho de Gibraltar y, por consiguiente, al norte de África, la Cruz se instaura en la onomástica de lugares de culto. El plan urbanístico de pueblos y ciudades comienza a sacralizarse con cruces de diferentes materiales, especialmente piedra, madera o forja como posteriormente se hizo en todo el Reino de Granada. En Jerez, se tiene constancia, de acuerdo al historiador José Luis Repetto, de que en 1317 se contaba con un altar dedicado a la Santa Cruz en la Colegial y con la Hermandad de San Salvador desde 1365 (Repetto, 1985). En 1436 se organizó en esta ciudad, con motivo del milagro de la cruz de Écija, un programa celebrativo litúrgico y procesiones (Vega y García, 2022).

A finales del siglo XV, en Sevilla, existía un gran número de cofradías penitenciales dedicadas a la contemplación de los misterios. Es más, según Sánchez Herrero, la primera procesión pasionista documentada en España data de 1519 y la llevó a cabo la cofradía de la Vera Cruz de Écija, cuyos estatutos ya establecían la obligación de realizar una salida penitencial por las calles de la localidad coincidiendo con la Semana Santa (cit. VV.AA., 2020).

EL CORPUS CHRISTI Y EL CULTO A LA PRECIOSA SANGRE

Desde un principio, una vez tomado el Reino de Granada, se les impuso la celebración del Corpus Christi: un culto que surgió en el siglo XII en Occidente en paralelo al de la Vera Cruz, fruto de las visiones de la santa mística Juliana de Lieja, quien argumentaba que debía dedicarse una fiesta para venerar la Sagrada Forma siendo en 1217, en el IV Concilio de Letrán, cuando se decretó que la hostia consagrada era el cuerpo de Cristo y que su negación era motivo de anatema y excomunión. La fiesta del Corpus Christi, que sirvió, tal y como expone el antropólogo Rodríguez Becerra, S. (2002), para hacer resaltar el poder y la victoria del cristianismo, tanto desde un punto de vista religioso, ya que se conmemoraba uno de los misterios de su fe, como político, donde la participación de todos los estamentos y sectores sociales era de carácter obligatorio. A su vez, estaba compuesta por la eterna lucha hispana entre el bien (el propio Dios, Jesús sacramentado así como sus representantes más directos en la tierra, el clero urbano encabezado por el obispo) y el mal (el diablo representado por la tarasca, una representación mitológica con forma de serpiente y dragón, con seis cortas patas parecidas a las de un oso, un torso similar al de un buey con caparazón de tortuga a su espalda y una cola con aguijón de un escorpión, alegoría de los vicios humanos y del demonio que se veían atacados y dominados por las virtudes cristianas la cual iba montada por un muchacho/a o tarasquillo que se dedicaba a quitar las caperuzas a los embelesados espectadores) acompañado de mojigangas y botargas, mascaradas, gigantes y cabezudos, danzas y ciertas «figuras grotescas y ridículas que ponen su contrapunto profano y burlesco a la solemnidad celebrada» (Llegó, 1975) cuyos orígenes estaban vinculados a festividades paganas dándole a la festividad un simbolismo y significado de inmensa magnitud: el triunfo del cristianismo frente a todo.

La tarasca, más bien, tenía dentro del cortejo procesional desde sus inicios un carácter lúdico y popular que aún mantiene en la capital granadina. Covarrubias así lo recoge en su *Tesoro de la lengua castellana o española* del año 1611 haciendo referencia a esta figura:

> Una sierpe contrahecha, que suelen sacar en algunas fiestas de regocijo. Díjose así porque espanta los muchachos (…). Los labradores, cuando van a las ciudades, el día del Señor, están abobados de ver la tarasca, y si se descuidan suelen los que la llevan alargar el pescuezo y quitarles las caperuzas de la cabeza, y de allí quedó un proverbio de los que no se harta de alguna cosa que no es más echarla en ellos que «echar caperuza a la tarasca» (Covarrubias, 1611).

En el antiguo Reino de Granada, como iba conquistándose el territorio, la celebración del Corpus Christi se fue imponiendo en las ciudades y villas como es el caso de Ronda:

> Siendo ya la mezquita mayor convertida en iglesia e bendita por don fray Luis de Soria, obispo de Málaga; e llevaron los cetros en el cielo (palio), sobre el arca de la amistança de Nuestro Señor Redentor Jesucristo, el rey e el maestre de Santiago e el condestable e el duque de Medina Sidonia, el duque de Náxera e el conde de Ureña e el maestre de Alcántara e otros grandes. Fases muy solen fiesta, con los instrumentos e cantores del rey e de los grandes señores. Llevaban el arca ciertos obispos e prelados de Sevilla e de Castilla, e fizieron la misa mayor muy ricamente, con solmenes cantores e músicas acordadas (Bernáldez, A. cit. en Gómez Moreno y Carriazo, 1962).

Está claramente constatada, la participación mayoritaria de moriscos quienes formaban parte de la procesión a través de los gremios que realizaban juegos y entremeses, danzas, entre otros pues ya, Hernando de Talavera, introdujo y permitió las zambras o danzas árabes en esta festividad. A modo de ejemplo, en el año 31 de diciembre de 1495, se realizó un acuerdo del Ayuntamiento de Baza para que los ministriles moros de los lugares de su tierra fuesen a dicha ciudad para la celebración de la fiesta del Corpus Christi.

Y, junto con la celebración del Corpus Christi, también se instituyó el culto por la Preciosa Sangre desde el gótico tras una serie de relatos donde el cáliz se llenaba de sangre o donde las hostias consagradas comenzaban a sangrar empapando la tela que las envolvía, llamada "corporal" como fue el caso del milagro de los Corporales de Daroca de 1239 o el de la misa de Bolsena, en 1263, sin olvidar el relato de San Antonio de Padua y el burro o la historia del Santo Cáliz de O Cebreiro. Desde entonces «la sangre no era solo el símbolo del sacrificio de Cristo por nuestros pecados, sino que, además, a un nivel más terrenal, era el único vestigio humano que Jesús había dejado en la tierra antes de ascender a los cielos». Era, por así decir, la más valiosa de las reliquias existentes (VV.AA. 2020). Y, puesto que era beneficioso venerarla, también se recomendó a los fieles derramar la suya propia en recuerdo de los padecimientos de Cristo durante la Pasión, dando lugar a las primeras cofradías «penitenciales» y surgiendo, por consiguiente, los flagelantes que, aunque en 1261, el Papa prohibió en las procesiones debido a sus excesos sangrientos, fruto de las epidemias del siglo XIV, se reanudó con un ímpetu masivo. Es así como nacen cofradías donde sus componentes se dividían entre «hermanos de luz» que portarían velones o antorchas y «hermanos de sangre» que llevarían látigos de nudos y cilicios. Estos últimos con ciertos paralelismos con la costumbre chií de infligirse heridas sangrantes en el cuerpo durante la festividad de la *Ashura*, el aniversario del asesinato del nieto de Mahoma (VV.AA., 2020).

ANDALUCÍA. EBULLICIÓN
DEL MUNDO COFRADE

Andalucía se convirtió en un lugar estratégico para la creación de cofradías. Igual porque ya de por sí existían, pero dándole nuevos conceptos. Por un lado, estas adquirieron un carácter puramente asistencial pero, por otro, servían para introducir bajo imposición, a todos los moriscos con el fin de ser controlados así como vigilados, convirtiéndose en espacios para el adoctrinamiento y evangelización pero, también, para exponerte públicamente renegando de tu anterior fe o bien formar parte del cortejo con la práctica de severas mortificaciones corporales para erradicar tu carácter pecador, es decir, el ser musulmán o judío y no querer aceptar el cristianismo.

Tras la Toma de Granada, se tiene constancia de la celebración de la Semana Santa por fray Hernando de Talavera, a principios del siglo XVI cuya estructura y contenido era el siguiente:

> El Miércoles acudía a las tinieblas. El Juebes, de mañana, consagrava la crisma; y, con ser un oficio harto largo y ocupado, predicava un poco, declarando a sus curas lo que allí se hazía. Celebrava la misa; y, en desencerrando el Sanctíssimo Sacramento, se quedava de rodillas delante su Divina Magestad, con grande revereencia y devoción. Quando volvían de comer algunos prebendados y quedava acompañamiento decente, se yva a casa. Y, con ser su comida de ordinario poca, este día era menos. Bolvía al Mandato, labava los pies a doze pobres que enriquecieron el mundo y al Señor de la gloria derribado a sus pies. Con estas lágrimas y ternura se ponía a predicar y, coo ardía su pecho con el fuego divino, abrasava a los oyentes. Yva tras esto a dar colación en su casa a su Cavildo y a muchos de la ciudad. Servíales los platos, teniéndolo a buena suerte, porque acabava de considerar al Rey del cielo hecho siervo humilde. Bolvía a tinieblas; y, dichas, se quedava de rodillas casi toda la noche delante del Sanctíssimo Sacramento.

Viernes en la mañana hazía el oficio con todas sus ceremonias. Predicava algunos años la Passión. Ayunava aquel día con toda su casa a pan y agua y celebrava el Sábbado, con ser el oficio tan largo, y muchas veces hazía en él órdenes generales. Y quedava con brío para el pontificial del día de Pasqua, porque con el fervor de su spíritu hallaba fuerças para todo (Antolínez de Burgos, 1996).

Lo mismo ocurría en otras ciudades del antiguo Reino de Granada. Al principio, la Semana Santa se circunscribía a los oficios litúrgicos que se hacían en el interior de la catedral y de las iglesias parroquiales, para pasar a tener, después, algunas de ellas, un carácter penitencial (Jaramillo, 2011).

Gracias a la dotación de las primeras imágenes sobre la Pasión de Cristo sin olvidar, cómo no, las marianas, todo ello se vio completado con las primeras cofradías penitenciales que les hacían pertenecer a una comunidad, a un orden social-establecido y servían como un refugio. «Como señalan sus estatutos, los miembros de estas instituciones se comprometían a velar a los hermanos en la agonía, a encargarse de sus exequias fúnebres, a dedicar el dinero recaudado por la hermandad a misas para facilitar el tránsito de su alma hacia el Cielo y a prestarse ayuda mutua, de manera que incluso llegaban a pedir limosna para alguno de los cofrades que se encontrara en extrema necesidad» (López, 2019). Las había abiertas, laicas, cuyos fines eran el culto público y la asistencia mutua entre hermanos; existían también cofradías cerradas con ciertas exigencias para poder entrar en ellas como ser limpios de sangre y no estar manchados con sangre judía o musulmana; y, también, las había de carácter nobiliario como era el caso de la cofradía de Jesús Nazareno quien, tal y como expone Henríquez Jorquera: «la sirven los mejores cavalleros de Granada con gran devoción y edificación». Es de destacar la existencia de cofradías étnicas, como la de Nuestra Señora de la Encarnación y Paciencia de Cristo «de negros y mulatos». Pero es de destacar una por encima de todas: la Cofradía de la Vera Cruz citada anteriormente, siendo la hermandad más antigua de penitencia y sangre en todas las localidades y, por lo tanto, también en Granada e incluso en Guadix. Por un lado, estarían las personalidades más distinguidas que, bajo unas túnicas de angeo blancas ceñidas con hiscales de esparto, cubrirían, con caperuces puntiagudos, sus rostros para controlar fundamentalmente a los disciplinantes.

> En noches de luna llena, cuya claridad contribuía a ahuyentar la oscuridad, salían las hileras de penitentes, alternando los disciplinantes con los alumbrantes; en una proporción aproximada de cinco por uno. Éstos con hachas o antorchas en las manos, aquéllos con la espalda desnuda, abierta y sangrante, de trecho en trecho, por la rudeza del flagelo. Entre las filas, los hermanos encargados de regir el cortejo y aquéllos otros, dos conserveros y un confortador, dedicados a animar con algún alimento —vituallas de pescado y alguna bebida— o bálsamo para las heridas, a los protagonistas del drama. También participantes, como cantores, interpretando los salmos al uso, los clérigos inscritos en la hermandad. Vestidos con sobrepellices, solían ubicarse al final del cortejo, tras la imagen de la Virgen. (López-Guadalupe y López-Guadalupe, 2017).

Realmente, en estas primitivas procesiones las imágenes no tenían ningún protagonismo. Eran los hermanos quienes lo adquirían y, más bien, aquellos disciplinantes que, con total seguridad, eran moriscos que, bajo su sufrimiento y angustia, bajo el derramamiento de su propia sangre, alcanzaban el perdón de sus pecados. El hombre iba en la procesión ocultándose bajo el velo de nazareno de sus hermanos moriscos para no ser señalado ni acusado. A las mujeres se les permitió, años más tarde, que aguardasen y los esperasen en el hospital donde llegarían y podrían curarles y sanarles las llagas pero, en un principio, entre llantos y lágrimas, en su propia casa, también adquirían el compromiso de mortificación corporal:

> Ordenamos que esta misma noche, todas las mujeres cofrades se disciplinen en sus casas, delante de un crucifixo, muy devotamente, el tiempo y espacio que conformo

a sus conciencias les pareciere, con que puedan satisfacer a nuestro Señor en alguna cosa en recompensa de lo que cada día le ofenden (Archivo de la Provincia Bética, leg 4. Pza 2, cap. XXVII).

Alrededor de las primeras cofradías y, en especial, de la Vera Cruz, se celebraba también la Invención de la Cruz, es decir, el día en el que santa Elena halló el madero. Una fiesta que está íntimamente relacionada con rituales paganos que simbolizaban el resurgir de la vegetación en primavera. La intención de estimular la devoción al «*signum crucis*» por parte de la jerarquía eclesiástica, queda tempranamente explicitada: en Guadix, fue erigida la Hermandad de la Santa Cruz y Divino Crucifijo, por Bula Pontificia en 1521, que celebraba su fiesta el 3 de mayo, día de la Invención de la Santa Cruz y, por cuyo domicilio se construyó una capilla en el convento de santo Domingo bajo la advocación de la Santa Cruz, que fue terminada en 1561, con la protección de los Mendoza (Jaramillo, 2011).

Pero no olvidemos una cuestión. El sufismo, tan extendido por todo el antiguo Reino de Granada, tras la toma perduró y, tras la conversión de los musulmanes al cristianismo, el morisco mantuvo su esencia, su propia identidad, lo que habían sido, lo que hoy día somos, impregnando al siglo de Oro español en la tradición mística arábigo-española como, por ejemplo en Santa Teresa de Jesús o en San Juan de la Cruz, cuyos símbolos místicos más profundos tenían sus precedentes en principios fundamentales de la cofradía *chadilí*, cuya expansión por tierras andaluzas fue crucial, fruto de libros sufíes como Ibn Àbbâd de Ronda, y en la obra del sufí murciano Ib Arabí, tal y como refleja Miguel Asín Palacios. San Juan de la Cruz fue conocedor de aquello durante sus trayectos por villas y ciudades bebiendo de la transmisión oral, pero también de libros que aún perdurarían y no habían sido quemados, bien por la Inquisición, bien por los propios propietarios que los ocultaban como símbolo de su pasado más glorioso pero, a su vez, cómo no, de otros ejemplares de escritores europeos y autores relevantes como San Bernardo, San Buenaventura o Raimundo Lulio, entre otros, sin olvidar la influencia de la escuela franciscana que «transmitió a España la tradición de su orden y el legado de los místicos alemanes y flamencos» (Cilveti, 1974:156).

Pero si dirigimos la mirada al medio geográfico e histórico, la España del siglo XVI, en que nuestro problema se plantea, ya la inverosimilitud tiende a disiparse. Por toda el área del suelo español, no solo en Andalucía, sino también en Castilla, vive un copioso número de moriscos recién convertidos, que con su conversión no es de creer que hubieran olvidado la educación islámica recibida, en los temas, sobre todo, en lo que se refiere a la ascética y mística (Asín Palacios, 1946).

Y es que, dentro de esa conexión tuvo que existir, a pesar del recrudecimiento de la presión inquisitorial o de la desconfianza por parte de los moriscos hacia cristianos viejos, un trasvase de conocimientos entre ambas culturas. Más cuando las relaciones entre vecinos era algo natural. También a través de matrimonios pero, cómo no, por medio de una gran cantidad de moriscos y moriscas que ingresaron en órdenes religiosas o en el sacerdocio secular. Los conventos se tuvieron que llenar de monjas y frailes moriscos. Las iglesias de curas moriscos. De esa manera se salvaban ellos, pero también podían hacerlo con sus familiares y vecinos. Según Cristóbal Cuevas (1972) «las influencias entre cristianos y moriscos venían ya siendo absolutamente normales a partir del siglo XV, dado que éstos sabían la lengua castellana, que muchos utilizaban incluso como vernácula, mientras su religión seguía siendo la islámica, o eran cristianos llenos de reminiscencias de su antiguo credo, que podían hacer conocer fácilmente a sus contemporáneos cristianos sin la menor barrera lingüística» (Cuevas, 1972).

Tras la toma de los territorios del sur peninsular aquellas rábitas, situadas en lugares elevados y retirados propicios para la espiritualidad y el eremitismo, así como los morabitos, se convirtieron en pequeñas ermitas custodiadas por ermitaños y las mezquitas de cada una de las poblaciones en iglesias mayores. En aquellas rábitas y morabitos se introdujo a un santo protector como intermediario; las iglesias fueron nombradas bajo la advocación de la Virgen María fundamentalmente, aunque también en honor a Santiago «Matamoros». Y a aquellos moriscos se les obligó a formar parte de una nueva cofradía constituida. Quizás, y más en poblaciones pequeñas, la misma a la que ya pertenecían pero incluyendo una advocación cristiana. Tal vez, en las ciudades, como he dicho anteriormente, les harían formar parte de una comunidad, de un orden social-establecido y de un refugio donde estar con los suyos. Donde sentirse protegidos pero a su vez controlados y vigilados. Nada, por entonces, era fácil para ellos.

EL JUDÍO

Hay que recordar que, para lograr la unificación política e ideológica, los Reyes Católicos optaron por una drástica asimilación o supresión de las minorías religiosas y étnicas y por una reforma de la Iglesia desde su base. Décadas anteriores, en 1478 para ser más exactos, consiguieron del Papa la creación del Tribunal del Santo Oficio o Inquisición Nueva, que inició sus pesquisas contra los judaizantes o falsos conversos. El tribunal inquisitorial de Sevilla fue el primero y el más importante de todos, cuya jurisdicción se extendía a todo el Reino. Miguel de Murillo y Juan de San Martín, dos franciscanos, fueron los primeros investidos con facultades propias de inquisidores en 1480 (García, 2016). Sus durísimas actuaciones provocaron una auténtica desbandada de conversos.

A finales de 1482 fue ordenada una expulsión parcial de judíos de Andalucía. Los desterrados fueron libres de trasladarse a otras provincias de España. En enero de 1483 fue ordenada la expulsión de los judíos de las diócesis de Sevilla, Córdoba y Cádiz. La corona pospuso el cumplimiento de este mandato, por lo que la expulsión de Sevilla no tuvo lugar hasta el verano de 1484 (…). Al final, durante este período las órdenes de expulsión no fueron cumplidas a pies juntillas. Unos años más tarde seguía habiendo judíos viviendo sin problemas en Cádiz y en Córdoba (Kamen, 2013).

Esta política culminó en 1492, cuando un edicto promulgado por la reina obligaba a los judíos a convertirse al cristianismo o a salir de los reinos hispanos.

Hubo quienes prefirieron bautizarse antes que tener que abandonar su patria: entre ellos figuraban casi todos los rabinos y los judíos más ricos y cultos, como Abraham Seneor, el recaudador mayor del reino. Una honrosísima excepción fue Isaac Abravanel, teólogo y financiero de los reyes que, tras intentar convencerles en vano de que no firmaran el decreto, utilizó buena parte de sus recursos para contratar centenares de barcos que pudieran trasladar a los deportados a otros países (Alonso, 2022). Andrés Bernáldez, párroco de Los Palacios, describe las caravanas de judíos de camino hacia los puertos de embarque:

> Salieron de las tierras de sus nacimientos chicos y grandes, viejos y niños, a pie y caballeros en asno y otras bestias (…); iban por los caminos y campos (…) con muchos trabajos y fortunas; unos cayendo, otros levantando, otros muriendo, otros naciendo, otros enfermando, que no había cristiano que no hubiese dolor de ellos, y siempre por donde iban los convidaban al bautismo, y algunos, con la cuita («aflicción»), se convertían y quedaban, pero muy pocos.

El decreto de expulsión fue esbozado por el Inquisidor General Tomás de Torquemada, un dominico descendiente de conversos. Pero, a pesar de todo ello, mantuvieron y gozaron de poder y prestigio en ciertas ciudades como Córdoba.

> Tópicamente se les consideraba astutos para ocultar ya no tanto sus creencias y prácticas, sino su ascendencia impura. Se casaban entre ellos para consolidar sus conquistas, unían sus hijos con linajes poderosos y ricos, y colocaban a otros en la Iglesia, donde podían ejercer su influencia, a la par que se hacía pública ostentación de fe. Incluso hacían alarde de fundaciones pías. Todo ello se

leía en clave de astutas artimañas, como también lo eran las falsificaciones genealógicas, en una época en que no bastaba el dinero y el poder; era necesaria también la limpieza de sangre. De la misma manera que los castellanos viejos se pavoneaban de su herencia goda, paralelamente cristalizó la idea de que Andalucía, y muy particularmente algunas ciudades como Córdoba, era una tierra donde los marranos se salían con la suya (Del Campo, 2020).

Dentro del Reino de Granada, la actuación del tribunal de la Santa Inquisición fue endureciéndose paulatinamente por dos motivos fundamentales: la postura social y oficial hacia los moriscos y por la entrada de «marranos» procedentes de Portugal.

EL SÍNODO DE GUADIX. UN ANTES Y UN DESPUÉS

El caso es que, la Semana Santa, a partir del siglo XVI, adquirió gran importancia en toda Andalucía, creándose cofradías en torno a la Pasión de Cristo y a los Dolores de María con imágenes de la Piedad, de la Transfixión de Nuestra Señora y, en muchas localidades, se introdujo la devoción a santos continuando su patronazgo sobre diferentes enfermedades, plagas agrícolas o epidemias.

A modo de ejemplo, en la ciudad de Baza, la advocación de la Virgen de la Piedad alcanzó una gran divulgación:

Aparte de la ermita que daría lugar al santuario actual, denominada ya en julio de 1492 como de «Nuestra Señora de la Piedad», los dos primeros conventos masculinos fundados en la ciudad también recibieron este título: el de san Francisco, creado por los Reyes Católicos en 1490, y el de san Jerónimo, dotado por los todopoderosos don Enrique Enríquez y doña María de Luna. Con posterioridad, el convento franciscano pasaría a depender también de su patronazgo. Sabemos que el primero ya se denominaba de la Piedad antes de 1513 y el segundo desde su instauración en 1502 (Castillo, 2004).

La ermita de Nuestra Señora de la Piedad, fundada por don Luis de Acuña, se situaba en el barrio de Churra, extramuros de la ciudad, colindante con el barrio morisco de la Morería. En 1523 es entregada la ermita a la Orden de la Merced, tal y como fijaba el testamento de don Luis de Acuña, convirtiéndose así en un convento de frailes cuya primera comunidad estuvo formada por cinco religiosos (Castillo, 2004). Tanto la ermita como el posterior convento contaron con gran devoción entre los habitantes de Baza, así como de localidades limítrofes, convirtiéndose en un lugar de peregrinaje, principalmente de agricultores y ganaderos. Desde el mismo momento del descubrimiento de la Sagrada Imagen el pueblo acude a Ella como mediadora. Los frailes de la Merced tuvieron una gran importancia en cuanto al fomento del culto, tanto entre la población cristiana como entre los moriscos, pero, además, contó con la existencia de una cofradía, datada en la década de los años veinte, poco después de fundarse el monasterio.

> Esta fue el germen de la hermandad posteriormente denominada de «los pastores» o ganaderos, porque sólo podían formar parte de ellos los propietarios de ganados o los trabajadores de los rebaños, que en la Baza de la época constituían un sector económico y social de primera magnitud.
>
> A mediados del siglo XVI el ciclo festivo oficial, es decir, el sufragado y organizado por el Ayuntamiento, estaba constituido por las festividades de La Candelaria (2 de febrero), Corpus Christi, San Juan (24 de junio), Santiago (25 de julio) y Santa Bárbara (4 de diciembre). La primera referencia a participación del consejo en la fiesta de "Nuestra Señora de septiembre" es del año 1566 (Castillo, 2004).

Allá por el año 1545, a extramuros de la ciudad de Granada, entre los ríos Darro y Genil, es fundada por agricultores, labradores, criadores de seda, entre otros, la Hermandad penitencial de Nuestra Señora de las Angustias, la cual es transformada en cofradía de penitencia y sangre en 1556. Una devoción mariana contrapuesta a la Vera Cruz, con un carácter milagroso y un origen sobrenatural, que dio cobijo a la gran mayoría de la población. Era una piedad eminentemente popular. Se convirtió en el cobijo de todos aquellos granadinos que tenían que acogerse al cristianismo sin más remedio. En el consuelo y refugio de toda la población. En su Madre y Señora. Nuevamente la Virgen María como nexo de unión y vínculo con el Islam. Ni más ni menos.

Pero el miedo seguía creciendo entre la población. Por un lado, nuevas medidas dentro del Reino de Granada; por otro, el Concilio de Trento celebrado entre los años 1545 y 1563 marcó un antes y un después dentro de la Iglesia Católica frente a la Reforma protestante encabezada por Martín Lutero. Y, fruto de ello, tras la finalización de la segunda etapa del Concilio, d. Martín Pérez de Ayala, el cual había participado en el mismo, convocó un Sínodo diocesano que tuvo lugar en la residencia episcopal de Guadix del 22 de enero al 10 de febrero de 1554 creando definitivamente un ambiente tenso de acusaciones y silencios donde surgieron dos bandos entre los cristianos; los que pretendían seguir por medio del proceso evangelizador y los que apostaban por su extirpación total. Don Martín, tras volver de Trento, visitó todas las poblaciones de su Diócesis, prestando especial atención a Baza y encontró, a su parecer, muchas irregularidades provocando que estén «independizadas y mal asistidas muchas de las iglesias, mal indisciplinados y rebeldes que nunca los conversos, nula la acción del clero sobre ellos, y propicios seglares y eclesiásticos a toda venalidad y abusos, cuyas primeras víctimas eran precisamente los moriscos» (Gallego y Gamir, 1996). Su preocupación no fue otra que los moriscos, así como neoconversos que formaban la mayoría de la población de la Diócesis y que «todavía conservaban, casi en su integridad, lengua, costumbres, usos y ceremonias, más arraigadas aún por la clandestinidad en que las practicaban» (Gallego y Gamir, 1996) sin olvidar la población de negros pero también de los gazis, es decir, berberiscos que, en un momento determinado de sus vidas, vinieron del norte de África y que, al llegar de manera voluntaria recibiendo el bautismo, se les diferenciaba de los naturales.

Las asociaciones de laicos que surgen en el Quinientos granadino suelen representarse, en líneas generales, como hermandades abiertas. No obstante, es indudable una adscripción a determinados colectivos sociales, profesionales o grupales; en este sentido, hay que intentar profundizar en la incidencia en Granada de la pragmática de 1552, que prohibía la existencia de cofradías de oficiales. Así, los mercaderes y maestros sederos granadinos tenían, por aquellas fechas, una cofradía alrededor del hospital del Espíritu Santo y defendieron el que no fuese aceptada por la medida prohibitoria, había cuenta que «(…) demás de los dichos mercaderes y maestros de la dicha arte, abía en ella muchos cavalleros y letrados y ciudadanos por hermanos y cofrades» (Crespo, 2019).

Para la uniformidad que estaba asentándose, los ritos religiosos así como usos y costumbres eran un todo que había que extirpar y eliminar de raíz. Atendiendo al Sínodo había que vigilar «muchas cosas que no son heregías sino supersticiones, y se deuen castigar por ser cosas vsadas y guardadas en tiempo de moros, y porque muchos destos nueuos cristianos vsan dellas por vía de cumplir con su secta dañada». Es por ese motivo por el cual impone a los fiscales «aduiertan como los nueuos cristianos en los desposorios y velaciones, tengan las puertas abiertas, porque no se hagan las ceremonias de moros que suelen durante las bodas y que salgan a missa como los cristianos viejos y cómo no se hagan leilas, ni se canten cantares malos, deshonestos y prohibidos» pero también ordena a sus clérigos que en las bodas «no canten ni dançen ni tañan ni se descompongan en ninguna manera», lo cual nos demuestra que, a pesar de las prohibiciones, existía a nivel popular una mixtificación de las tradiciones culturales moriscas y castellanas (Garrido, 2016). Y, cómo no, destacar la obligación impuesta a los moriscos en el Sínodo de Guadix de 1554 de acompañar las cruces de sus parroquias hasta su regreso a la iglesia en las letanías, rogativas y procesiones, castigando su falta de asistencia. Aceptarían a Cristo a las buenas o a las malas porque su sufrimiento y muerte representaban los aspectos centrales de la teología cristiana incluyendo las doctrinas de la salvación y la expiación. Martín Ayala puso en marcha su labor reformista y, además del Sínodo, elaboró un año antes unos estatutos para el Hospital Real, así como la Consueta de la catedral de Guadix en 1557 junto con la creación de dos parroquias en la ciudad en 1560 para ayudar al control de la población del naciente barrio de las cuevas y de la antigua morería de Santa Ana (Garrido, 2007).

ANDALUCÍA. ENTRE LO HETERODOXO Y ORTODOXO

Mientras tanto, las autoridades eclesiásticas del arzobispado de Granada continuaban con su plan de educación y aculturación de la sociedad morisca, pues crearon para ello varias fundaciones dirigidas a los más jóvenes entre las que destacaré el colegio de San Miguel y la casa de la doctrina del Albaicín, de donde salieron bachilleres moriscos que luego accedieron a colegios universitarios o de formación de sacerdotes tal y como es expresado por el historiador Javier Castillo Fernández (1996).

> Abundando en esta política, el arzobispo Guerrero, apoyado por la Compañía de Jesús, creó un pequeño seminario específico para ordenar sacerdotes moriscos, que se nutrió de jóvenes neoconversos reclutados en las misiones de evangelización de la Alpujarra. Por desgracia, se desconoce casi todo de esta fundación. Su objetivo era crear una red de sacerdotes moriscos que adoctrinaran en lengua árabe a los feligreses de las montañas. De hecho, algunos de los curas que fueron «martirizados» en 1568 eran de origen converso (Castillo, 1996).

Y es que, por entonces, Andalucía en general fue lugar de misiones para evangelizar a la población como fue el caso del jesuita Pedro de León, quien se percata de que en los pueblos andaluces existía poca ortodoxia cristiana, llamando a los habitantes rurales «moros blancos». También fue consciente de prácticas mágicas y heréticas a las que acudía el pueblo llano a pesar de estar perseguidas por las leyes civiles y la Inquisición (Del Campo, 2020). Comienza a generalizarse el concepto del andaluz como pícaro donde su población se movía entre lo ortodoxo y heterodoxo, lo permitido y lo prohibido, lo natural, lo maravilloso y lo sobrenatural (Martín Soto, 2008), pero también de «falsos» como consecuencia de su tendencia a ocultar su verdadera religión, de los desórdenes físicos y morales resultantes de la mezcla, o simplemente de la continuidad de costumbres y rasgos tomados por inmorales y viciosos (Del Campo, 2020).

Santa Teresa de Jesús, fundadora de la Orden de los Carmelitas Descalzos, también recorrió el sur peninsular del cual renegaba, vinculando al maligno con la mala fama del andaluz y con el clima en sí:

> No sé si el mismo clima de la tierra, que he oído siempre decirlos demonios tienen mano allí para tentar, que se la debe dar Dios, y en esta me apretaron a mí, que nunca me vi más pusilánime y cobarde en mi vida que allí me hallé yo, cierto, a mí misma no me conocía (Santa Teresa, 1974:619).

Andalucía era sinónimo de moro, judío y cristianos nuevos, pero, además, tierra de herejes, del diablo y del pecado. Por ello, Santa Teresa escribía sobre Sevilla en abril de 1576 lo siguiente:

> Las injusticias que se guardan en este tierra, es cosa extraña, la poca verdad, las dobleces. Yo le digo, que con razón tiene la fama que tiene (…). Yo confieso que esta gente de esta tierra no es para mí, y que me deseo ya ver en la de promisión (Santa Teresa, 1974: 844-846).

Santa Teresa cuando se refiere a la santa tierra de promisión quiere hacer mención a Castilla la bondadosa, la sincera, la de la verdadera fe de viejos cristianos. La pura de sangre. La santa de Ávila renegaba de esta tierra con todas sus fuerzas, pero no era para menos. Tenía que demostrar públicamente que era cristiana y borrar ni más ni menos que sus circunstancias: ser descendiente de judeoconversos al igual que muchos otros como San Pedro de Alcántara o el mismo San Juan de la Cruz. Casualmente todos místicos.

> Y es que, los cristianos nuevos destacaron entre los numerosos defensores de planteamientos más intimistas e individualistas de la fe cristiana en los múltiples y diversos movimientos de renovación espiritual que surgieron en España a partir del siglo XV. El énfasis general en una devoción intensamente personal e incluso en la comunión mística directa con la divinidad solía venir acompañado por la indiferencia e incluso el rechazo de las prácticas religiosas colectivas. También se traducía en la predilección por la oración mental sobre la oral, la lectura frecuente de literatura devota y el activismo laico y clerical en relación con los problemas pastorales y sociales (Kamen, 2013).

Los judíos conversos supieron convertirse en invisibles dentro de la sociedad, en un grupo irreductible y quizás el más contaminante, pues fue el que, desde un principio, acabó integrándose totalmente encontrándonos conversos que desempeñaron un papel de relieve en la cultura, desde la filosofía y las ciencias hasta la medicina; en la literatura como Fernando de Rojas, el autor de la primera gran obra maestra del Renacimiento español, *La Celestina* o Mateo Alemán, autor de la famosa novela picaresca el *Guzmán de Alfarache,* sin olvidar varios poetas sevillanos, entre los que destacaré a Juan de Jáuregui y Baltasar Alcázar entre otros, y es que, tal y como argumenta James S. Amelang (2011) «una porción considerable de los miembros de las élites culturales y religiosas de la España Moderna tenían algún tipo de antecedente familiar judío. La paradoja es que, aunque en la actualidad se sabe que muchos de estos personajes eran conversos, no se puede decir que sus contemporáneos estuvieran al corriente de esta información». El engañar, el disimular, el aparentar, el esconder o el mismo hecho de sobrevivir en un período complejo de nacional catolicismo como podemos comprobar no es privativo del pueblo y, por poner un ejemplo más, citaré a la cordobesa Magdalena de la Cruz. Monja clarisa que gozó de extraordinaria fama de santidad viva bajo el amparo del imperio español gracias a sus profecías, curaciones y apariciones. Durante muchos años de su vida y desde la propia adolescencia gozó de gran prestigio social, pero al final, una vez descubierta, terminó confesando ante la Inquisición toda su farsa:

> Confesó que estando una vez robada, le metieron unos alfileres grandes por los pies; y que recibió muy gran dolor en lo sufrir; y que lo pasó por ser tenida por santa y no ser descubierta (…), que engañó a las gentes diciendo que había ido al purgatorio; y que vio muchas ánimas que estaban penando; y que trajo en los pies el fuego del purgatorio. Y decía a las gentes que penaba ella por las ánimas que estaban en el purgatorio; y metía los pies en agua y salía de ellos un humo muy espeso y desollábase los pies y escribía en los cueros que se quitaba y dábalos por reliquias (Gracía Boix, 1983: 17-19).

Fue encarcelada y condenada adjurando el 3 de mayo de *vehementi* siendo obligada a la reclusión perpetua en el monasterio de su Orden en Andújar, pasando a ser la modélica penitente arrepentida.

Andalucía estaba mal vista. Debía extirparse por completo todo lo que no estuviera limpio de sangre y, fruto de ello, todo volvió a agravarse con el Sínodo provincial de Granada de 1565, en el que son prohibidas todas las peculiaridades moriscas. Represión y más represión; objetivos prioritarios del Santo Oficio granadino, del Estado y de la Iglesia, cómo no. Todo ello dio lugar a la rebelión de los insurgentes pero, cómo no, al ocultamiento de la mayoría. A la clandestinidad. A una aceptación de «lo otro». A la demostración pública de tu nueva religiosidad y tu fe, fuese verdadera o no. Ya Francisco de Rojas Zorrilla, en *La Celestina*, dijo que este es un país de rezos fuertes junto a murmuraciones. De «golpes de pecho» y de la necesidad de hablar fuerte en público para demostrar que no hay nada que esconder y, de esta manera se viera con claridad que se «hablaba en cristiano», es decir, en castellano. De ahí que aún, a día de hoy, las madres y abuelas siguen abriendo sus ventanas de par en par todos los viernes y sábados, fregando y limpiando tanto los interiores de las casas, como sus exteriores, rociando los suelos y los patios, mientras preparan, a fuego lento, uno de los platos típicos de nuestra tierra: el puchero o cocido que deriva o proviene de la adafina, pues debían demostrar que no eran ni judías, porque ya no festejaban *el Sabat*, ni musulmanas, introduciendo en su gastronomía y en su propio arte culinario más sagrado el cerdo y la sangre con la propia morcilla.

> Y, sin vulnerar la norma, el pueblo paciente colocó cortinas con una doble función: preservar la intimidad de los inquilinos y percatarse mediante el sonido de la entrada de extraños. Como última garantía, el vecino colocaba templetes o azulejos con simbología católica en la fachada. (Jaled y Rodríguez, 2011)

Pero también los moriscos-andalusíes pusieron, mimetizándola, una herradura en la entrada de la casa como señal de «buena suerte» o como señal de «protección». Herradura que podemos aún ver, no solo en la mayoría de las casas de las localidades del Geoparque de Granada o de otras poblaciones andaluzas, sino también en los hogares de numerosos andalusíes asentados en el norte de África y cuya simbología iba más allá de lo que nos ha llegado hasta nuestros días. Una herradura que representaba la media luna, símbolo del Islam.

Por entonces debieron cambiar su posición ocultándola del inquisidor, pero haciéndola nuestra y, por consiguiente, parte de nuestra identidad. Al igual que, en muchos pueblos andaluces, alguna vez nos podemos encontrar unas hornacinas o capillas, es decir, una pequeña oquedad en las fachadas o en la propia entrada de las casas, y dentro una Virgen o un Cristo.

> El zaguán siempre fue un lugar sagrado. Comparte raíz etimológica con el zawiya, donde vivían, enseñaban, oraban, peregrinaban y enterraban a los santones y sufíes

andaluces. Cuando los hijos y nietos de conversos perdieron el recuerdo de aquellas reliquias, colocaron en el vano del zaguán un templete para adorar a sus Vírgenes y sentirse protegidos, puertas afuera y puertas adentro. Sin saber por qué, ocuparon el vacío de la pared que dejaron sus antepasados con la misma espiritualidad vestida de Dios Madre. Sin saber por qué, conservaron el sonido y el simbolismo sagrado de la palabra zaguán (Rodríguez, 2018).

Y fue por entonces cuando muchos conversos decidieron tapiar para siempre aquel doble fondo de las alacenas (*guenizá* para los judíos y *taqa* para los musulmanes), donde guardaban, por un lado, los moriscos, el Corán o el *Mishab*, y, por otro, la *Torah*, la *Kipah* o la *Menorah,* los judíos, para que, cuando abriesen el armario, no pudiera «salir» su verdadera identidad. De ahí la expresión «salir del armario». Todo tiene sentido.

ME OCULTO Y OLVIDO.
LA OSTENTACIÓN Y FASTUOSIDAD

EL CONCILIO DE TRENTO

En el siglo XVI, en un momento de evangelización y adoctrinamiento de los moriscos así como de tierras del Nuevo Mundo, la antigua cristiandad europea se desquebrajó en múltiples iglesias opuestas a Roma, iglesias luteranas o evangélicas, iglesias calvinistas o reformadas. La iglesia romana reaccionó intentando reformarse y, tras muchas dificultades, tras el intento de una reconquista armada, el papado consiguió reunir un concilio general en Trento en 1545. Dieciocho años se necesitaron para que el concilio llegase a término. Trento se podría decir que fue mediterráneo pues, aunque se intentó un encuentro entre los hombres del sur con los del norte, cierto es que estos últimos no acudieron.

En el plano de la piedad popular fueron especialmente significativas las disposiciones relativas a la confirmación de los sacramentos (con un énfasis en la Eucaristía y la consiguiente proliferación de hermandades sacramentales), la regularización de la misa (con el desarrollo de la liturgia), el culto a la Virgen (elemento fundamental que marcará las diferencias con el mundo protestante) y la veneración de reliquias e imágenes (VV.AA., 2022; 66).

Con la intención de marcar distancia con los protestantes se realzó el carácter pedagógico, catequético y didáctico de la representación artística y culto de imágenes, pues declaró, en la sesión XXV del 4 de diciembre de 1563, en el apartado «La invocación, veneración y reliquias de los santos y de las sagradas imágenes», que «se deben tener y conservar, principalmente en los templos, las imágenes de Cristo, de la Virgen Madre de Dios y de otros santos, y que se les debe dar el correspondiente honor y veneración; no porque se crea que hay en ellas divinidad, o virtud alguna por la que merezcan el culto, o que se les debe pedir alguna cosa, o que se haya de poner la confianza en las imágenes, sino porque el honor que se da a las imágenes se refiere a los originales representados en ellas; de suerte que adoremos a Cristo por medio de las imágenes que besamos, y en cuya presencia nos descubrimos y arrodillamos; y veneramos a los santos, cuya semejanza tienen. Enseñen con esmero los obispos que por medio de las historias de nuestra redención, expresadas en pinturas y otras copias, se instruye y confirma el pueblo recordándoles los artículos de fe y recapacitándole continuamente en ellos».

A su vez, en España, trajo la actividad pastoral de sus mejores obispos durante cuarenta años, coincidiendo casi cronológicamente con la duración del reinado de Felipe II. El 12 de julio de 1564, el rey confirmó para España todos sus decretos, no solo permitiendo su aplicación por parte de las autoridades eclesiásticas, sino elevándolos a la categoría de leyes del reino (Sánchez, 2007). Se debían erigir iglesias parroquiales en ciudades y pueblos que antes no las tuvieran. El sacramento del bautismo servía como ingreso al cristianismo y a la Iglesia. La misión evangelizadora y de adoctrinamiento de la Iglesias configuró el papel del sacerdote como maestro en la sociedad civil del antiguo Reino de Granada. La educación estará marcada por dos convicciones: el sentimiento popular religioso y los intereses de los monarcas de unidad (Martínez, 2013). Surgen nuevas órdenes religiosas encargadas de jóvenes de las clases populares y de su instrucción. Se enseñaba el catecismo, a leer, escribir y, cómo no, a hablar en castellano.

Los moralistas elaborarán programas educativos destinados a la instrucción de la juventud formando parte del nuevo contexto misional. Se configura así un catecumenado privilegiado: la infancia. Las características que van a conferir a esta etapa esencial son:

— Maleabilidad, de donde se deriva su capacidad para ser modelada.

— Debilidad, más tarde inmadurez, que justifica su tutela.

— Rudeza, siendo entonces precisa su civilización.

— Flaqueza de juicio, que exige desarrollar la razón, cualidad del alma.

— Naturaleza en que se asientan los gérmenes de los vicios y de las virtudes, y que debe, en el mejor de los casos, ser encauzada y disciplinada.

UNA GUERRA ENTRE HERMANOS: LA SUBLEVACIÓN DE LOS MORISCOS

La conversión forzada de los moriscos seguía creando una situación conflictiva entre las comunidades asentadas en los pueblos y ciudades. Esta tensión provocó medidas coercitivas por parte de Carlos V en principio con poco éxito y, posteriormente por Felipe II las cuales, estas últimas, causaron una gran agitación entre los moriscos como es expresado por un líder de la rebelión, Aben Xahuar, el Zaguer, palabras recogidas por Hurtado de Mendoza:

> Excluidos de la vida y conservación de persona, mándannos que no hablemos nuestra lengua y no entedemos la castellana… llaman a nuestros hijos a sus congregaciones y casas de letras: enseñánles artes que nuestros mayores prohibieron… Mándannos dejar nuestro hábito, y vestir el castellano… Si queremos mendigar…nadie nos ayudará, porque los moriscos padecemos esta miseria y pobreza, que los cristianos no nos tienen por prójimos… Van nuestras mujeres, nuestras hijas, tapadas las caras… mándales

descubrir los rostros, si son vistas, serán codiciadas aun requeridas... Mándannos tener abiertas las puertas que nuestros antepasados... tuvieron cerradas... No solamente nos quitan la seguridad, la hacienda, la honra, el servicio, sino también los entretenimientos.

Se intentó gestionar para el aplazo del edicto, como anteriormente había ocurrido con los del pasado, pero fracasó. Ante ello, en víspera de la Navidad de 1568, la sublevación estalló, extendiéndose rápidamente por toda la Alpujarra y el Reino de Granada. Y así surgió una cruenta y verdadera guerra civil entre hermanos cuya única diferencia era la fe.

Durante la sublevación, en Berja, los moriscos azotaron a una imagen de Cristo, dentro de la iglesia, y después la despedazaron a cuchilladas. A otra, de la Virgen, la arrojaron gradas del altar abajo, y en Bayárcal otra imagen de la Virgen fue profanada de un modo más grosero (Caro Baroja, 2010). Pero cierto es que fueron casos puntuales donde el odio, el rencor y la tensión era extrema entre hermanos cuya única diferencia era su religión y cultura. Hay que tener en cuenta que los moriscos, por su parte, no sentían la culpabilidad del pecado que para ellos eran meros actos humanos. De todos los sacramentos, el bautismo lo rechazaban y la eucaristía no la podían comprender, ya que no entendían que la naturaleza divina se pudiera encarnar en un trozo de pan a petición humana. Pero fueron obligados a asistir a misa «como Dios manda» y a pagar multas por la falta de asistencia a las mismas. En cuanto a la Virgen María, de acuerdo con la investigación realizada por Louis Cardillac (cit. Martínez, 2009):

> Parece que los moriscos de las zonas más islamizadas respetaban a la Virgen. Corral y Rojas cuenta este significativo episodio, sucedido durante el levantamiento morisco de Valencia que tuvo lugar a consecuencia del edicto de expulsión. Los moriscos encolerizados saqueaban todo lo que encontraban en las iglesias. En una de ellas, en Novarres, rompieron todos los objetos de culto destrozando también un cuadro que representaba la

Asunción de María, pero respetando el rostro de ésta; En una pintura de la asumpción de Nuestra Señora se veían los apóstoles con puñaladas y cuchilladas en las caras, más la de la bendita Virgen entera y sin señal alguna. Pero en las otras regiones el pueblo morisco no sigue los escritos de sus intelectuales y parece ignorar lo que dice el Corán de la concepción virginal de Jesús (...).

Muchos de los sacerdotes que fueron martirizados durante la rebelión de la Alpujarra eran de origen converso sin olvidar los martirios agustinos de Huécija. Algunos de ellos son reflejados por Luis del Mármol Carvajal, quien destacó su intacta fe católica pese a ser de origen islámico como son los casos del beneficiado Jerónimo de Mesa, de Pitres y beneficiado Ocaña de Murtas.

Durante el S. XVI y, especialmente, tras la sublevación, se produjeron una serie de transformaciones dentro de las localidades, existiendo un intenso ir y venir de gente buscando un asentamiento definitivo. Muchos moriscos del Reino de Granada que sobrevivieron fueron deportados hacia las dos Castillas, pero, fundamentalmente, hacia Andalucía Occidental. Atendiendo a Luis del Mármol, en un principio, el territorio fue dividido en siete áreas. Los moriscos de Granada, La Vega y Valle de Lecrín, Sierra de Bentomíz, Hoya de Málaga y serranías de Ronda y Marbella saldrían «encaminados la vuelta de Córdoba, y de allí fuesen repartidos por los lugares de Extremadura y Galicia y por sus comarcas»; los de Guadix, Baza y Río de Almanzora «por Chinchilla y Albacete a la Mancha, al reino de Toledo, a los Campos de Calatrava y Montiel, al prioritario de san Juan, y por toda Castilla la Vieja hasta el reino de León»; por último, los de Almería y su tierra «por mar, en las galeras del cargo de don Sancho de Leiva, a la ciudad de Sevilla». Y Luis de Mármol insiste en la orden establecida «y que no fuesen ningunos para quedar en el reino de Murcia, ni en el marquesado de Villena, ni en los otros lugares cercanos al reino de Valencia, donde había gran número de moriscos naturales de la tierra, porque no pasasen con ellos y por el peligro de la comunicación de los unos con los otros...», así como en el deseo de respetar la unión familiar básica «no permitiendo que los hijos se apartasen de los padres ni las mujeres de los maridos por los caminos ni en los lugares donde habían de quedar, sino que las casas fuesen y estuviesen juntas». Pero fracasaron ya que «los principales núcleos de población de moriscos deportados se repartieron entre los antiguos reinos de Córdoba, Sevilla y Jaén; en el reino de Murcia (pese a las prohibiciones de la Corona comentadas por Luis de Mármol); en Albacete, Toledo y Ciudad Real; en parte de León y Castilla la Vieja (Zamora, Toro, Salamanca, Medina del Campo, Valladolid, Ávila y Segovia) y en Extremadura (Candau, 2009). Las pérdidas humanas fueron incalculables. Las formas despreciables. Las enfermedades y penalidades de los desterrados, desgarradoras. La Inquisición hacia ellos implacable donde el miedo y el pavor se convirtieron, para el Estado y la Iglesia, en sus mayores aliados (Martínez, 2020).

> Como en otros ámbitos judiciales, la ejemplaridad-aquí por la vía del terror- cundía, la culpa se transmitía en las memorias infamadas y en la sangre impura, y, por ello, la Inquisición triunfaba; no tanto en lo que se denunciaba y juzgaba, sino en las ideas no formuladas o en las conductas constreñidas; en los sucesos que no se produjeron por huir, precisamente, de un castigo ejemplar. Y, contradictoriamente, en el valor de las apariencias. Para sobrevivir, aquellos moriscos que conservaron su fe en el corazón, hubieron de hacer de la simulación un arte (Candau, 2009).

LA APARICIÓN DE LOS LIBROS PLÚMBEOS. LA NUEVA JERUSALÉN

La devoción a las reliquias, gracias a la influencia de la Reforma, la Contrarreforma y las reglamentaciones surgidas en el Concilio de Trento para controlar su culto se convirtieron en algo exitoso en aquellas poblaciones que había que adoctrinar, pues servían como fenómeno de la fe, como protección y auxilio de la localidad debido a sus dones taumatúrgicos y, junto con la imagen que era procesionada, no solo recordaban «al pueblo los beneficios y dones que Cristo les ha concedido, sino también porque se exponen a los ojos de los fieles los saludables ejemplos de los santos y milagros que Dios ha obrado por ellos, con el fin de que den gracias a Dios por ellos y arreglen su vida y costumbres a los ejemplos de los mismos santos, así como para que se exciten a adorar y amar a Dios y practicar la piedad» (Díaz, 2011). Surgen crónicas pseudohistóricas, escritos, inscripciones e imágenes. Como bien especifica Luis Bernabé Pons (2008), «el suelo peninsular se convertía en una fecunda mina de maravillas sepultadas». Y, por arte de magia, se impulsó el comercio de reliquias. Su aparición. Su descubrimiento. Su llegada. Especialmente surgieron en lugares estratégicos dentro de lo que fue el Reino de Granada o limítrofe a sus tierras. Así, véase como ejemplo la recuperación de la tradición y reliquias de los Varones Apostólicos, quienes mayoritariamente se establecieron en el sur peninsular.

Es en Guadix, en 1588, cuando el obispo Moscoso solicita al Papa la aprobación del oficio y misa elaborada en honor a San Torcuato. Meses más tarde, y fruto también del miedo, el silencio, la desesperación, la necesidad de mantenerse en sus casas, en sus tierras, en su lugar de nacimiento y, cómo no, teniendo aún latente el sufrimiento ocasionado tras la sublevación de los moriscos y teniendo conocimiento de lo que estaba sucediendo en tierras accitanas, en Granada comenzó el ciclo de invenciones el día del arcángel san Gabriel. Había que hacer lo que fuese para sobrevivir. Para no ser expulsados. Para proteger a quienes habían conseguido ocultarse. Se produce el hallazgo por parte de unos peones que trabajaban en el derribo de la Torre Vieja, conocida como Turpiana, de la antigua mezquita principal, de una caja de plomo que contenía un lienzo triangular, una tablita con la imagen de la Virgen María en traje de «egipciana», un hueso y un pergamino escrito aparentemente por san Cecilio, el primer obispo de la Granada contigua, de Ilíberis, en árabe, castellano, latín y con letras griegas.

El 27 de febrero de 1593 son recibidas las reliquias de san Torcuato en Guadix, organizándose una gran fiesta alrededor de ellas siendo entregadas por el obispo en octubre de 1593 al cabildo.

> A partir de entonces las reliquias, guardadas en un brazo de plata ricamente decorado, fueron expuestas al culto público en el altar mayor de la catedral de Guadix, cuya identificación con la época cristiana premusulmana se pretendía materializar, borrando para siempre la huella islámica y ofreciendo a la descohesionada feligresía de la diócesis un elemento aglutinador común (Garrido, 2009).

Dos años más tarde, en 1595, en unas cuevas abandonadas en la colina de Valparaíso en Granada, se hallaban los llamados Libros Plúmbeos. En cuatro años surgieron un total de 22 láminas de plomo así como otras largas que explicaban el contenido de los mismos. Junto a los libros aparecieron huesos de los mártires que desprendían una grata fragancia, así como reliquias divinales. Los granadinos empezaron su peregrinación a este lugar, organizándose incontables procesiones cuyo recorrido estaba señalado con cruces. Fueron tantas las cruces que llegaron a colocarse que, con el tiempo, Pedro de Castro exigió moderación en las expresiones piadosas, pues mandó quitar muchas de ellas y, tras un edicto, que se pusieran nuevas. Alrededor de estas apariciones, surgieron los primeros milagros. Es más, en tan solo dos años, se consiguieron diecinueve expedientes que afirmaban curaciones milagrosas de trece hombres y nueve mujeres. La traducción fue realizada por dos médicos y traductores moriscos, Miguel de Luna y Alonso del Castillo, bajo la dirección del morisco Francisco López Tamarid.

Tras la consulta por expertos eclesiásticos, surgieron verdaderos defensores, pero también muchos detractores; entre ellos el jesuita morisco Ignacio de las Casas, quien, desde el campo misional, tuvo la función de ser «evangelizador de sus hermanos moriscos, de forma consecuente con la formación y la fe cristiana integral, sincera y militante, sin mostrar en ningún momento la más mínima complacencia con los islamizantes, propugnando y aplicando los métodos de evangelización pacífica o suave, no compulsiva en definitiva, que había aprendido en su etapa de formación y que eran los propios de la compañía, en lo que el empleo del árabe era instrumento inexcusable; además de luchar incansablemente por evitar que los moriscos fueran expulsados de tierras hispanas» (Barrios, 2002) pero, en lo que se refiere a los libros plúmbeos, hasta poco antes de su muerte, siguió rebatiendo el fraude enviando memoriales a las cortes de Madrid y Roma.

Las sospechas, con el tiempo, se acrecentaron considerándose autores de la falsificación a los moriscos Miguel de Luna y Alonso del Castillo, los cuales, si realmente fueron ellos, no querían, ni más ni menos, que un sincretismo de las doctrinas musulmana y cristiana que evitaran la expulsión definitiva. Poder convivir en paz.

> El papel del islam en los textos no se limitaba al uso de la lengua árabe. De hecho, el principal hilo conductor de las numerosas profecías era el énfasis en la compatibilidad esencial de la fe cristiana y la musulmana (…). Lo más importante es que la propia Virgen María declaraba que después de la crucifixión Dios había trasladado el favor que profesaba a los judíos a los árabes y había decidido usar su lengua para la revelación final. Por eso Santiago llevaba consigo un texto en árabe a su llegada a España, donde debía permanecer oculto hasta la hora del Juicio Final y de los días previos en los que un sinfín de herejías florecería bajo el imperio del Anticristo (Amelang, 2011).

Definitivamente, el arzobispo don Pedro de Castro, Vaca y Quiñones publicaba el 30 de abril de 1600 la declaración de las reliquias como auténticas dignas de veneración y, alrededor de ellas, se funda y se construye la abadía del Sacromonte al pie del Cerro de San Miguel, refugio de una población marginada y cerrada de muchos de los gitanos llegados a Granada en el momento de su conquista y de moriscos ocultos y refugiados frente a la población cristiano vieja, de forma similar a lo sucedido en Guadix, tal y como argumentó Asenjo Sedano.

A su vez, el fenómeno concepcionista y, por consiguiente, la devoción mariana se acrecentó ya que, en muchos libros, se defendía la Inmaculada Concepción de María, especialmente en el libro *Fundamentum Fidei*, donde aparecía el lema «A María no tocó el pecado primero». No es casualidad. Granada era el reducto postrero de los musulmanes y, a pesar de la sublevación de los moriscos, a pesar del nacionalcatolicismo posterior, muchos se habían quedado y habían podido sobrevivir sin ser expulsados y se acogieron, como ocurrió en toda Andalucía, desde un primer momento, a la Virgen María y su dogma coránico. Si no, todo esto que cuento no cobraría sentido. Es de mencionar que ya, en la segunda década del siglo XVI, se había dedicado un templo a la Concepción Inmaculada de la Virgen María, el de san Jerónimo; en el año 1523, se fundaba el convento de la Concepción para terciarias franciscanas de Santa Isabel. Además, su advocación comenzó a dar nombre no solo a conventos, sino también a universidades, estudios generales y cofradías en toda Andalucía. Se empezaron a realizar festejos y procesiones en su honor. Don Pedro de Castro se convirtió en fiel defensor, incorporándolo como anagrama en su pontificado y la fundación sacromontana en expresión eminente de su «fervor activo a la Purísima» (Civil, 1996).

Pero no podemos olvidar un aspecto de gran importancia: la Abadía del Sacromonte nació como un intento desesperado de recuperar en la Granada del Barroco el tratamiento utópico e idealista de «Nueva Roma» o «Nueva Jerusalén» y de ese modo de consumar la definitiva expulsión morisca de la ciudad, tal y como expone en su tesis doctoral José María Valverde (2019).

> En Granada las perseguidas emulaciones geográficas eran fáciles al contar con el Darro que dividía a la ciudad. A todo este simbolismo expresado, la Abadía, le añadía el de ser una barrera imaginaria entre el mundo musulmán, representado por la Alhambra, y el católico encarnado en la Catedral.
>
> Además de referirse a una ciudad, el término Nueva Jerusalén, posee en ocasiones otras connotaciones, siendo directamente empleado para definir a los vías crucis de

mayor entidad arquitectónica por entender que transformaban el espacio en la «Jerusalén Restaurada». Así pues, la primera de las etapas de la aspiración granadina a «Nueva Jerusalén» nació tras el triunfo del cristianismo y el consecuente ocaso del imperio musulmán en Occidente. En ella la proyección urbana del concepto se focalizó en un primer momento a través de la Catedral, proyectada por Diego de Siloe como gran panteón renacentista del emperador siguiendo el modelo del Santo Sepulcro de Jerusalén (Valverde, 2019).

Tras la rebelión, el valle del Guadalquivir, la serranía de Huelva, Jerez de la Frontera y, especialmente Sevilla, se convirtieron en el lugar de mayor concentración de moriscos procedentes de Granada y su reino. Sevilla, por entonces, era un foco de atracción y muchos de ellos se distribuyeron por todos los barrios pero, fundamentalmente, en los de la periferia o a extramuros como San Bernardo con San Roque y el barrio de Triana. Tenían el castillo de la Inquisición, pero estaban entre los suyos, entre la gente de los arrabales, donde la justicia apenas aparecía. Nos encontraríamos esclavos, criados, agricultores, ganaderos, comerciantes, artesanos, mercaderes, pero también personas de la vieja élite granadina mercantil o de la antigua aristocracia.

Moriscos eran los alfareros que bajo el disfraz de nombres cristianos poblaban los barrios de Sevilla, siéndolos también los que en pobres viviendas producían riquísimas telas, labrados cueros, artísticas obras de metal de cobre o de plata, armas, jaeces de caballos y demás objetos de arte suntuario… Los libros bautismales de la parroquia de Santa Ana nos muestra cada paso pruebas de la clase de pobladores del extenso arrabal de Triana en el siglo XVI (Gestoso, 1904).

Con el tiempo, quienes se quedaron definitivamente tras la expulsión o quienes volvieron no tuvieron más remedio que disolverse en la sociedad, pero inyectando en nuestro ADN quienes somos a día de hoy. Es por ello que fue en Sevilla donde la Inmaculada Concepción también se defendió incluso por congregaciones para la evangelización y adoctrinamiento de la población, pues, mientras que los dominicos la negaban, los jesuitas la aceptaban. Y como había que enseñar a la población en la doctrina cristiana, la Abadía del Sacromonte, bajo la ordenación del arzobispo, encomendaba esta labor a dos canónigos cada dos años para que, tanto en los pueblos y lugares del Reino de Granada como del arzobispado de Sevilla y de toda Andalucía, predicaran, confesaran y educaran en la fe.

Ya el arzobispo Castro comprobó por sí mismo en sus misiones décadas antes y posterior a la sublevación de los moriscos, la ignorancia y la desidia de la mayoría de los clérigos, fundamentalmente donde se protagonizaron los llamados «martirios de la Alpujarra»: las muertes de clérigos, sacristanes y cristianos viejos a manos de moriscos, a partir de la Nochebuena de 1568. Habría que pensar el tipo de personas que se encontrarían en aquellos lugares, tanto de nuevos repobladores como de moriscos que habían podido escapar de su expulsión:

> Los clérigos son idiotas y sin suficiencia, y si los quiero examinar para ver lo que saben, me responden que no hay para qué, que es verdad que no saben, que no quieren ser curas, que los quita, que por fuerça an ido a servir sus beneficios, y como saben que no tengo otro, ni a de yr nadie a aquella tierra, tienen libertad, de aquí las confesiones mal hechas, es necesario reiterarlas y repetirlas, los sacramentos mal administrados, pienso que se pasan años sin hacer confesión buena, y plego a Dios que no hayan faltado en la forma del bautismo, no ay sermón en todo el año, y les embío religiosos en algunos tiempos que les prediquen y confiesen casi a todos, repitiendo confesiones, pero en pasando este socorro se buelven como antes (Marín, 1997).

El arzobispo don Pedro de Castro convirtió los libros plúmbeos y el intento por los moriscos tolerados de conseguir una salida ideológica que permitiera satisfacer en alguna manera la irredención en que habían quedado después de la derrota y deportación masiva de los del Reino de Granada y de evitar ser expulsados de la Península en un momento en el que se debatía esto como solución final, en un poderoso brazo de cristianización y contrarreformista. A su vez, el arzobispo, ordenó, bajo la autorización del inquisidor real, la retirada de los sambenitos de la capilla mayor de la catedral posteriormente a la expulsión, puesto que no era necesario mantenerlos ya que «esas personas» ya no estaban en el Reino, pero, quizás también, por proteger a aquellos que se habían quedado. Mejor borrar la memoria cuanto antes pues es sabido que, en una carta con fecha del 16 de mayo de 1611 a Felipe III, pide que no sean expulsados por ser él consciente de que «son buenos cristianos»:

> Es de creer que vuestra Majestad quiere lo mismo en Granada (que en Valencia), en donde, por las informaciones que yo e hecho, consta que son cristianos devotos, temerosos de sus conciencias y que confiesan y comulgan y cumplen con la iglesia y otras veces entre año. Y que algunos tienen buenas almas, y hazen las confesiones bien y devotamente y con lágrimas a satisfacción de los curas. Que oyen misa los domingos y fiestas, y algunos días entre año. Algunos son cofrades de cofradías, y de la del Santísimo Sacramento y la prouen de cera y algunas veces para el monumento.
>
> Hazen obras de Charidad. Dan limosna a Christianos viejos tan prohibido en la secta de Mahoma; y ahora en esta ocasión, quando pudieran libremente, no se an querido yr por no poner en peligro sus almas y la fe. Y se an querido quedar entre nosotros, que si no fueran cristianos, en la mano tenían el poder yrse con libertad a do quisieran (cit. García Pedraza, 2002).

Aun así, debemos decir que los plomos del Sacromonte salvaron a muchos moriscos. A más de los que la propia historia nos ha contado. Entre ellos los de linaje como los Venegas o los Núñez Muley por poner un ejemplo. Tal y como expone Gaspar Marocho Gayo a partir del estudio introductorio al

Discurso sobre el Pergamino y las Láminas de Granada, del humanista Pedro de Valencia:

> D. Pedro de Castro no solo aprendió árabe, sino que manifestó abiertamente su oposición a la expulsión de los moriscos, coincidiendo en consideraciones de carácter político y social con muchos nobles, contrarios a la expulsión por razones económicas y nacionalistas. Tanto amaba d. Pedro a los moriscos que procuró cristianizar las costumbres de los mismos (De Valencia, 2000).

ENVIDIAS Y MIEDOS. EXPULSIÓN Y FRACASO

Pero debemos volver a retroceder. En las décadas posteriores a 1560, los moriscos fueron sospechosos de deslealtad política y militar, siendo acusados, especialmente aquellos que vivían en las costas, de ayudar a los corsarios del norte de África y a la flota regular del Imperio otomano pues, en el mar Mediterráneo, se había acentuado la presión turca. El ataque turco en el año 1570 a Chipre precipitó la formación de la Liga Santa, una coalición de los Austrias con el papado, Venecia y otros Estados Italianos, que derrotaron al Imperio otomano en la batalla de Lepanto en el año 1571 a partir de la cual se incluyó la advocación de *Auxilium christianorum* en la Letanía Lauretana convirtiéndose en una festividad universal e introduciéndose la tradición del Rosario entre las familias y en las iglesias (Hernández, 2018). Tras la victoria cristiana, años más tarde, la amenaza turca disminuyó y se acrecentó la francesa. El gobierno comenzó a recibir cartas que confirmaban una alianza entre los moriscos y los franceses, llegando a ser tan creíble que se empezaron a considerar un peligro interno dentro de la península. Existía un miedo generalizado entre los cristianos viejos. Surgió así una visión de ellos muy negativa pues, por poner un ejemplo, el clérigo eramista Bernardo Pérez de Chinchón decía que tanto los moriscos como los turcos eran «gente sin fe, sin ley, sobervia, bárbara, luxuriosa, bestial, robadora, matadora, cruel, mal ataviada, sin arte ni orden de vida honesta, sin temor de Dios» (Pons, 2000). Había que confinarlos en guetos, enviarlos en galeras a todos los adultos e incluso prohibirles totalmente que se casaran entre ellos. Incluso hubo eclesiásticos, como Martín Salvatierra, obispo de Segorbe quien, en 1587 planteó la idea de castrar a los hombres y esterilizar a las mujeres.

Definitivamente, la solución más aceptada era su expulsión total pero el rey Felipe II, teniendo presente la guerra civil ocasionada en la rebelión de las Alpujarras, no lo vio viable. Sin embargo, la idea permaneció y, con la llegada de un nuevo rey al trono, Felipe III, esta se llevó a cabo tras el fracaso de una nueva campaña contra Argel en 1600-1602, tras la humillación de Larache en 1608 (una ciudad de la costa de Marruecos), tras firmar la tregua que puso fin (temporalmente) a la guerra de los Países Bajos y tras la necesidad de obtener la victoria de la fe católica en todo su territorio. Pero no todos los cristianos viejos los rechazaban. Existieron quienes tuvieron compasión y valoraban negativamente las decisiones acordadas como el arzobispo don Pedro de Castro. Y, alrededor de aquella visión positiva acerca del morisco, surgieron actitudes favorables que se difundieron fundamentalmente a través de la literatura por medio de las llamadas «novelas moriscas». De ahí la saga de *Historia de los bandos zegríes y Abencerrajes* de Ginés Pérez de Hita (1595), donde los describe como aguerridos, gentiles y honorables caballeros moros de Granada y de las civiles guerras que hubo en ella, cuya segunda parte relata la rebelión morisca de las Alpujarras. Dicha obra tuvo cuarenta ediciones en español entre los siglos XVI y XVII, traduciéndose posteriormente al francés, inglés y alemán. De ahí, el cuento abiertamente promorisco de «Ozmín y Daraja» de Mateo Guzmán dentro de su extensa novela picaresca *Guzmán de Alfarache*(1599). De ahí *El Tuzani de la Alpujarra* de Calderón de la Barca. Y de todo el conjunto, de la expulsión y regreso de muchos moriscos, de cómo la gran mayoría permanecieron, del hallazgo así como del misterio de los libros plúmbeos o de los propios disciplinantes de las procesiones de Semana Santa alrededor de la Virgen María, se hizo eco don Miguel de Cervantes en *El Quijote* (obra maestra universal de la literatura española).

Y siempre el miedo. Porque aquel miedo infundado desde lo individual, pero también como una experiencia compartida, colectiva y social, sirvió como mecanismo a la santa Inquisición y a la Iglesia. Se había creado una verdadera maquinaria: una verdadera construcción y creación cultural. El miedo como pérdida de control de los acontecimientos que nos suceden. El miedo como sensación de vulnerabilidad frente al peligro inminente. Una constante amenaza que el morisco vivió. De daño. De dolor. De persecución. De tener la muerte siempre mirándote. Y, junto al miedo, la angustia. Pero, también es cierto, que los miedos, como emoción compartida por toda una comunidad, «pueden conducir a una mayor cohesión social. Los miedos colectivos pueden actuar como un catalizador para fortalecer los lazos sociales; la gente se siente unida no tanto porque comparten un mismo idioma, una misma religión o los mismos valores, sino por un sentimiento de miedo compartido» (Boscoboinik, 2016). Y, sin ser conscientes seguramente de eso, la huella morisco andalusí permaneció indeleble hasta nuestros días porque las culturas no son derogadas con leyes ni regímenes políticos; no fallecen de la noche a la mañana. Permanecen y se transmiten. Desde lo oral. Desde las costumbres. Desde las tradiciones. Porque el morisco no fue expulsado en su totalidad. Los hubo que tuvieron el consentimiento de las autoridades. También quienes obtuvieron documentación que atestiguaba su condición de cristianos viejos o los que se agarraron a otras tablas de salvación. Otros regresaron de forma clandestina e incluso estableciéndose en sus anteriores hogares gracias al apoyo de sus señores locales y, cómo no, al grueso de la población de las poblaciones de donde eran. Porque fueron muchos los que, habiendo cruzado el Mediterráneo, regresaron de nuevo, como es el caso del memorable encuentro de Sancho Panza con su amigo morisco, Ricote, quien había vuelto a España de incógnito posteriormente al exilio de 1609. Sancho siente compasión por la desafortunada vida de su amigo, lamentándose de su destino y prometiéndole no delatarle: «Prosigue tu camino, y déjame seguir el mío».

LA FIESTA COMO EXPOSICIÓN PÚBLICA

Es a partir de la sublevación de los moriscos, posterior aparición de los libros plúmbeos y definitivamente su expulsión, cuando la devoción mariana se hizo aún más presente; su único consuelo y refugio en el que mirarse. No significa que anteriormente no estuviese pues, como hemos podido comprobar, ya existía su admiración en al-Ándalus, sino que fue, en este momento, en el que tomó más auge. De ahí, la fundación de la Macarena en Sevilla. De ahí la de la Estrella, la de la O, la de la Esperanza de Triana. De ahí el auge inusitado de las Angustias en Granada convirtiéndose su pequeña ermita en templo parroquial dentro de una pequeña barriada nacida, a orillas del Darro, muy cerca de su final en el Genil, en 1545. Como bien nos dice la profesora Amalia García Pedraza (1995): «Su imagen debió ser para ellos el nexo menos extraño entre las creencias pasadas y la que como cristianos se les predicó». Y es que, la eclosión devocional, extendida por toda la ciudad y bajo tutela de la hermandad, empezó a escapársele de las manos a la jerarquía eclesiástica, lo que supuso un gran problema para el clero.

Hubo distintas tentativas de verificar ese control, todas ellas abortadas por los cofrades de las Angustias: negativa a aceptar el traslado a su sede del hospital general del Albaicín (1583), tenaz resistencia (secundada en este caso por la Chancillería y la iglesia de Granada) a la fundación del convento que pretendían en su ermita los agustinos descalzos con la valiosa recomendación del duque de Lerma (1603), la negativa a aceptar un clérigo para la enseñanza de la doctrina (1608), pese a que había pasado a ser ayuda de la parroquia de Santa María Magdalena cuatro años antes. Aquella devoción se había convertido en peligrosa a los ojos de la jerarquía y cada Semana Santa renovaba públicamente su vigor.

El arzobispo don Pedro de Castro convirtió su ermita en parroquia en 1609. La aceptación de la nueva realidad se traduce en la obtención del carácter de hermandad sacramental, con nuevos añadidos a sus reglas, en 1612, con la finalidad de evitar que una hermandad de este tipo, privilegiada en todas las parroquias, se antepusiera a su antigüedad y prerrogativas y, precisamente por ello, se situó en una posición de superioridad ante nuevas fundaciones cofrades, que las hubo. Desde entonces permaneció en la órbita diocesana, con una ermita convertida en santuario y parroquia (López-Guadalupe, 2018) .

La participación de los moriscos en festividades religiosas cristianas, desde comienzos del siglo XVI y, más aún, a partir del siglo XVII, fue de carácter obligatorio a través de disposiciones eclesiásticas (Martínez, 2020: 94). La época más común para acudir en procesión a las ermitas era la primavera, especialmente en el período del 25 de abril al 9 de mayo, donde se impetraba protección para las cosechas utilizando para ello la imploración de santos, especialmente san Marcos, siguiendo una tradición derivada aparentemente de las Robigales de la antigua Roma (Christian, 1981: 143). También era costumbre celebrar el día de la Invención de la Santa Cruz (3 de mayo) o la subida a un santuario para festejar a la Virgen María, como intermediadora para la fertilidad de los campos y paliar las desgracias ocasionadas por las sequías. A estos santuarios se solía acudir buscando remedios para muchos problemas yendo desde particulares hasta representaciones de poblaciones. A su vez, se solía hacer veladas o vigilias en ellos, solían ocurrir milagros y era donde los fieles depositaban sus ofrendas votivas. Había que adoctrinar y evangelizar, eso estaba claro, y cualquier medio que se utilizase sería bueno para convertirlos y, como los moriscos eran muy dados a todo tipo de supersticiones y a hechos misteriosos, de la noche a la mañana surgieron multitud de leyendas de apariciones de la Virgen María o de Santos con historias ingenuas y llenas de color, cargadas de belleza poética y emoción popular y con un esquema muy similar e incluso inalterable de unas a otras. Siguiendo las características de Zapata (1991), nos encontramos con una talla antigua que siempre era anterior a la llegada de los musulmanes a la Península, la cual es descubierta frecuentemente por animales domésticos cuyo comportamiento llama la atención de sus amos: pastores o cazadores. Pero también se da la posibilidad de ser peregrinos o piadosos ascetas que reciben la revelación entre sueños o escuchan una voz indicándoles los lugares donde la Imagen se halla. Normalmente la Imagen está rodeada de prodigios (lámparas o velas que no se consumen, campanas que no cesan de sonar o flores frescas e incorruptas), ocasionándole al hombre que la ve un efecto sorpresa, sintiéndose poseído de una fuerte emoción, cayendo de rodillas delante de la aparición y perdiendo la noción del tiempo. El lugar donde es descubierta suele estar cerca de una fuente o un pozo de agua que adquiere un carácter milagroso desde entonces, y ese espacio, en su conjunto, toma gran importancia. El clero, una vez informado, traslada la talla a las iglesias respectivas, pero por la noche vuelve milagrosamente la Imagen al lugar de su aparición que hace que el pueblo y la comunidad comprenda que Imagen y espacio donde fue hallada son inseparables.

Pero las leyendas no solo estaban relacionadas con festividades otoñales o primaverales, sino también se introdujeron en imágenes veneradas en la propia Semana Santa, donde comenzaban a tener fama de milagrosas o de tener la capacidad de realizar prodigios extraordinarios. A modo de ejemplo, el Cristo sevillano del Cachorro, quien se decía que estaba hecho de carne y hueso de acuerdo a la leyenda en la cual su escultor, Francisco Ruiz Gijón, reprodujo en la talla a un gitano moribundo conocido como «el Cachorro», quien fue hallado en un callejón de la ciudad hispalense acuchillado. Pero también hay que mencionar Nuestro Padre Jesús el Nazareno de Jaén, cuya talla, datada del siglo XVI, está rodeada de un origen misterioso.

La fiesta sirvió también para demostrar públicamente tu condición cristiana y tu fe. Fuese verdadera o no. Romerías, Semana Santa, Corpus Christi o la Navidad fueron algunas de las festividades en las que el morisco se hizo protagonista de las mismas, pero también otras que ya formaban parte de ellos como el esplendor de la pascua de *Ansara* o fiesta del solsticio de verano, el 24 de junio, donde, ya en tiempos de la Córdoba califal de Abderramán III (siglo X) se conmemoraba, con carreras de caballos, ejercicios de destreza, disfraces carnavalescos, certámenes poéticos y hogueras, preferiblemente junto a higueras, tanto la natividad de Juan el Bautista como la hazaña de Josué al detener el curso del sol para conseguir el exterminio del ejército de los Amorreheros» (Brisset, 1987). Durante la época del reino zirí de Granada, la mayor fiesta del calendario religioso era la ruptura del ayuno tras el Ramadán y la Pascua del Sacrificio, pero también era costumbre celebrar, aparte de la ya mencionada fiesta de *Ansara*, el jueves santo y la circuncisión de Jesucristo el séptimo día de su nacimiento así como a Santa Catalina (de Alejandría), debido a la especial protección que Mahoma dispensó al monasterio de dicha santa en el Monte Sinaí.

En cuanto a la Navidad, nadie puede negar la riqueza musical existente en Andalucía, donde, a modo de ejemplo, los villancicos son muestra de ello, acompañados siempre por sonajas, panderetas y panderos o las nanas andaluzas tan diferentes y universales a la vez o algo muy andaluz como es la celebración de la noche anterior, la Nochebuena, algo muy común entre andalusíes de realizar la parte más lúdica de las fiestas en las noches anteriores al día oficial. Y es que los andalusíes, de por sí, ya festejaban la Navidad y el Año Nuevo. La celebración de la Navidad (*milad*) también era una fiesta en las que solían integrarse los musulmanes tal y como nos verifican los textos de los alfaquíes de diferentes épocas de Al-Ándalus quienes, algunos de los cuales propusieron la instauración de la fiesta del nacimiento de Mahoma como alternativa islámica a la Natividad de Jesucristo y, aunque fue integrada en el calendario festivo en época nazarí, muchos alfaquíes se opusieron debido al desconocimiento de la verdadera fecha del nacimiento de Mahoma y por la poca participación. La fiesta de la Navidad incluía diferentes ritos y actividades entre las que destaco el intercambio de regalos (manjares y joyas), el consumo de productos y alimentos especiales, la presencia de puestos callejeros de comida dispuesta formando «ciudades», pero también de las vacaciones para los niños en el colegio (De la Granja, 1969). Tal y como exponía Abu-l-Qasim al-Azafi, soberano de Ceuta entre 1249-1278:

En estas fiestas se hacen unos a otros preciosos regalos que han elegido de antemano y «ciudades» en las que forman e inventan diversas figuras. Los ricos montan en sus casas puestos como los de los tenderos y los arreglan esmeradamente. Hay gente que permite a sus familiares comer de ellos, y otros se lo prohíben. Los adornan como si se tratase de una desposada subida en su estrado, tras de la cual no se cerrarían las puertas. Los hay que venden una parte de aquello y venden (guardan) el resto. Nos ha contado más de un viajero que en algunas ciudades de al-Ándalus estos puestos llegan a valer sesenta dinares o más, por los quintales de azúcar que contienen, las arrobas de alfeñiques, la variedad de frutas frescas, bolas de dátiles, sacos de pasas e higos, de diferentes clases, especies y variedades, y toda suerte de cascajo: nueces, almendras, avellanas, castañas, bellotas y piñones; amén de caña de azúcar, y toronjas, naranjas y limas de la mejor calidad (...). Suelta a los niños de las escuelas, y con ellos les llenan el corazón de amor por esas innovaciones que ya han echado raíces.

Pero hubo una fiesta donde se les recordaría quiénes fueron pero también el trauma, el dolor y la tragedia a las que se enfrentaron cuya única salida era, o bien el exilio, o bien la aceptación del cristianismo. Ni más ni menos. Es así como empezaron a representarse a ellos mismos. A un nosotros o más aún, a un yo que ya no lo es o no debe serlo. Porque la fiesta no solo tenía la función de divertir a las poblaciones, sino también debían poseer un sentido pedagógico sirviendo como adoctrinamiento y contribuyendo a moldear la mentalidad colectiva ciudadana. Y, en las localidades serranas y costeras del antiguo Reino de Granada, en poblaciones que fueron focos de la sublevación de los moriscos y de la llegada de barcos de la Berbería, se introdujo la representación de moros y cristianos, como es el caso de Vera, en Almería, recogidas en las actas capitulares de 1588:

Sus merçedes acordaron que se hagan fiestas por esta çibdad el día de San Cleofás, que es a veinte y çinco del presente, que fue quando fue çercada hesta çibdad por los moros, henemigos de nuestra santa fee católica, y que para çelebrar la fiesta deste día se corra el toro que esta çibdad tiene, y que se hagan las barreras para ello, y que se hable a Françisco Rodríguez, capitán, que dé caballos para que jueguen cañas e alcançias, y que aya Moros y Cristianos por la mañana el dicho día, y que se corran los demás toros que se hallaren, como obieron las fiestas a los Señores católicos (cit. Martínez, 2015).

Y no digo que la fiesta surgiera o naciera porque estas, no me cabe la menor duda, ya debió existir anteriormente como «fiestas fronterizas o fiestas de la frontera» tanto en los reinos de la cruz como de la media luna. Junto a ella, se simbolizó, a través de la efigie de la Mahoma, la expulsión de todo mal acumulado en la sociedad marcando así el principio de un nuevo año, librando a la sociedad de las inquietudes que les habían acosado en el anterior para renacer purificados y liberados. Una víctima expiatoria que, tras el bautizo de la propia cabeza del gigante en una fuente local, tras su quema y destrucción (normalmente con pólvora), el morisco confirmaba su aceptación del cristianismo pues, posteriormente, comenzaba un momento de libertinaje y festividad en el que comer cerdo y beber alcohol hasta su embriaguez debía ser de manera pública para que toda la población te viese.

El fuego fue parte del ritual agrario desempeñando un gran protagonismo dentro de los ciclos agrícolas. La pólvora, a finales de la Edad Media, comenzó a ser utilizada, con fines diversos. Desde un punto de vista religioso, fue utilizada para espantar los malos espíritus. Para ello, nos encontramos con festividades donde se hacían hogueras, disparos con armas de fuego en acción de gracias, combates entre el hombre y el fuego pero también fuegos artificiales que marcaban el principio y el fin de un año así como la purificación de todos los pecados y males de esa sociedad o comunidad, algo generalizado en cualquier tipo de fiesta. Pero también nos encontrábamos con fuegos satíricos, a través de la destrucción de ciertas imágenes que eran asociadas con la eliminación del mal; un enjuiciamiento y linchamiento popular simbólico que acababa con la cremación de muñecos o personas en efigie (algo que fue utilizado por la propia Inquisición española desde el siglo XV hasta el XIX) y cuyos orígenes podrían remontarse a festividades paganas donde dicho pelele se convertía en víctima o chivo expiatorio no descartándose su utilización en época andalusí como influencia de las anteriores civilizaciones asentadas en la Península Ibérica (Martínez, 2020).

El morisco andaluz fue incapaz de soportar tal humillación de su profeta y, aun siendo en Jaén las primeras fiestas documentadas sobre la existencia de La Mahoma, ningún pueblo mantuvo este ritual, pero sí que lo cambió por la quema de Judas «las Judas», apóstol de Jesús convirtiéndose en una costumbre generalizada en muchas poblaciones de todo el sur peninsular.

GRUPOS INVISIBLES DENTRO DE LA SOCIEDAD

Es cierto que el propio cristiano viejo, en el año 1623, a través de las Cortes, realizaron una petición al rey Felipe IV donde exponían: «Que S.M. mande que no se trate más desto ahora ni adelante, y cese cualquier averiguación que en estas causas estuvieren pendientes y no se admitan denunciaciones, ni de los que están hoy en estos Reinos ni de los que se dijere han vuelto» (cit. Dominguez y Vincent, 1993). El Rey respondió «que no convenía hacer pragmática, pero que se mandaría a las justicias que no admitiesen denuncias, y que contra los sospechosos procediesen no como moriscos, sino como vagabundos». El problema morisco se quiso dar por finalizado. Con el paso de las décadas del siglo XVII, se convirtió definitivamente en un grupo invisible dentro de la sociedad. Pero sobrevivieron. Más de lo que nos pudiéramos creer. Callados. Incorporados a la sociedad y aceptados dentro de su comunidad. Transmitiendo su identidad sin ser conscientes de ello, pero a través de la memoria. De pequeñas huellas. De costumbres y tradiciones. De rituales. A modo de ejemplo, en 1690, fue enviado Muhammad bin abd al-Wahab al-Ghassani a España a negociar la liberación de prisioneros marroquíes y la devolución de algunos manuscritos árabes que languidecían en las bibliotecas de Sevilla, Córdoba y Granada. En su viaje por Andalucía comenta que «se encontraba una y otra vez con individuos y familias que declaraban entusiasmados descender de los moros. Al pasar por Andújar, por ejemplo, coincidió con numerosos individuos que decían descender de los Serraj, una familia que se había convertido al cristianismo en el siglo XV. Curiosamente, los que pertenecían a estratos sociales más bajos (y también un notario) se mostraban dispuestos a identificarse como moriscos; sin embargo, los que pertenecían a las clases sociales superiores decían ser "montañeses", es decir, que descendían de la pequeña nobleza del norte de España, el epítome de la pureza de sangre y la ascendencia aristocracia». (Amelang, 2011) El mismo epítome que se ha defendido, a capa y espada en todas las poblaciones pertenecientes al antiguo Reino de Granada. Nadie podía descender de moriscos. Mejor creer en un solar vacío donde los del norte se asentaron desde un principio y, si alguno quedó, tras la sublevación fue expulsado. Así todos éramos puros y católicos hasta la médula. Y definitivamente, aquellos que aún conservaban el Corán, libros y recuerdos de sus antepasados, decidieron quemarlos en las chimeneas de sus casas o en una hoguera para que sus futuras generaciones olvidasen o no sufrieran más, o bien, como muchos otros hicieron, esconderlos y tapiarlos de por vida allá donde los habían guardado.

Pero hay que incidir que siguieron existiendo moriscos que aún profesaban el islam clandestinamente posteriormente como bien lo demuestra el hecho de que entre 1727 y 1731, doscientas veintiséis personas fueron perseguidas por la justicia en Granada por profesar el islam (De Borja, 2021).

Entre las personas dedicadas a la industria de la seda y los empleados y letrados de regular posición existían (en las generaciones nacidas en Granada de 1680 a 1700) mahometamos que conservaban su fe y que encubrían su origen bajo nombres de cristianos y apellidos de los que más habían sonado en el país al tiempo de la reconquista o algo después: Mendoza, Guevara, Enríquez (…). Durante el siglo XVIII Granada… en la vida privada las viejas tensiones y problemas surgen de vez en vez. Dentro de la aristocracia e hidalguía de la ciudad eran conocidas las familias de ascendencia islámica (Caro Baroja, 1976).

Incluso en uno de los sitios que más sufrió oficialmente la expulsión de los moriscos, como era la Alpujarra, existían familias de reconocido linaje morisco como recoge a comienzos del siglo XIX, en su diccionario, el abate Miñano: «Se dice que, a pesar del rigor con que se ejecutó la expulsión de los moriscos, no se pudo evitar que no quedasen diferentes familias» (cit. De Borja, 2021).

Y es que fueron muchos los moriscos que permanecieron por diversas razones: «servicios prestados a la corona; vida de buenos cristianos convencidos (incluso hay moriscos que se hacen sacerdotes y monjas); por intereses diversos para la administración (conocedores de los terrenos y las lindes, seises, determinados oficios, etc.); moriscos esclavizados por derecho de guerra (incluso algunos se ofrecen de esclavos para salvarse de la expulsión); niños que quedan en "encomiendas"; moriscos que vuelven del destierro y se hacen pasar por cristianos viejos; moriscos que se integran entre los gitanos transhumantes (De Borja, 2021) a los que hay que añadir aquellos descendientes conversos antes de la conversión general de 1500 que quedaban equiparados jurídicamente a los "cristianos viejos". También mujeres, huérfanos y niños abandonados durante la guerra. A ellos hay que sumarles moriscos camuflados como berberiscos que, una vez expulsados, volvían nuevamente a la península a hacerse cristianos amparados por las autoridades que fomentaban esta inmigración a cambio de su conversión. Sin olvidar a todos los que tomaron la decisión de ser trashumantes trasladándose de un sitio a otro sin tener que censarse en ningún pueblo y así escapar del control de la administración (De Borja, 2021).

> Existió, y esta sería nuestra asignatura pendiente como historiadores, una respuesta más dinámica, una operación de adaptación, de reformulación del ser morisco bajo el nuevo e inevitable requerimiento de parecer y estar como cristianos en la sociedad de los vencedores. Una respuesta en la que el imperativo de la conciencia se vio acallado por el imperativo de la supervivencia (García 2002).

EL GITANO

Desde 1500 aproximadamente hasta 1560 la vida en tierras del Reino de Granada transcurrió dentro de un régimen de tensión. Dos nuevos intentos fallidos —1516 y 1526— por desarticular la vida morisca provocan el desaliento de la comunidad y la animan a buscar otros aliados bajo cuyo amparo puedan asegurar su libre existencia. Ocho años antes, en 1492, una nueva etnia, la gitana, llega a Granada «acompañando a los ejércitos y ejerciendo como forjadores de armamento y cuidadores de animales. Se aposentaron en los barrios de Rabadasif y Xarea ocupados por los moriscos, a extramuros y en el extremo del Albaicín, donde la muralla de La Alcazaba cortaba con la de la ciudad, en las cercanías de la mezquita que se bendijo en 1501 como iglesia de San Ildefonso. En este templo parroquial se conservan las anotaciones de bautismos y bodas de sus feligreses desde 1518, y son frecuentes las referencias con nombres moriscos de cristianos nuevos y nombres calés de castellanos nuevos. En estos barrios de cuevas, hoy llamados Cuesta de San Cristóbal y Cuesta de la Alhacaba, convivieron árabes y gitanos (...). Los gitanos y moriscos mezclaron su sangre uniéndose en matrimonio por tener la piel morena y ser parecidos en sus costumbres, en sus músicas, sus bailes y cantes» (Albaicín, 2011).

Pero no debemos olvidar la presencia de negros que, junto con moriscos y gitanos, crearon la imagen de la Andalucía morena. Es más, Andalucía —y muy especialmente Sevilla— se consideró en mayor medida la patria de negros y mulatos, entre otras cosas porque el tráfico de esclavos tuvo en la ciudad hispalense (junto con Lisboa) el epicentro esclavista (Del Campo, 2020). Si bien fue importante Granada, Almería o Sevilla, también hay que hacer mención a Jerez, especialmente los arrabales de los barrios de San Miguel y Santiago: donde ya muchos moriscos fueron establecidos tras la sublevación de los moriscos y donde, posteriormente, el gitano creó su identidad. Y, entre ellos, los que se pudieron camuflar entre los gitanos (término aplicado en el siglo XVII y XVIII para nombrar a los marginados en general) desarrollando un cante íntimo de queja y lamento que, al saltar a los escenarios ya en el siglo XIX, tras la derogación de la Santa Inquisición, se le conoció como cante jondo flamenco. Como bien dice Blas Infante:

> Pero estos moriscos, estos andaluces fieramente perseguidos, refugiados en las cuevas, lanzados de su sociedad española (…) encuentran en el territorio andaluz un medio de legalizar, por decirlo así, su existencia, evitando la muerte o la expulsión reiterada. Unas bandas errantes, perseguidas con saña, pero sobre las cuales no pesa el anatema de la expulsión y de la muerte, vagan ahora de lugar en lugar y constituyen comunidades, dirigidas por jerarcas y abiertas a todo desesperado peregrino lanzado de la sociedad por la desgracia y el crimen. Basta cumplir un rito de iniciación para ingresar en ellos. Son los gitanos. Los hospitalarios gitanos, errabundos, hermanos de todos los perseguidos (Infante, 1980).

La participación de gitanos en las fiestas de los conquistadores, como el Corpus, se produce a partir, precisamente, desde que los moriscos desaparecen de ese escenario después de la rebelión y expulsión. En el siglo XVII, las danzas del Corpus quedan prácticamente monopolizadas por los gitanos, especialmente mujeres. Estos gitanos utilizaban instrumentos moriscos como el adufe (pandero morisco que tocaban las gitanas de Málaga que acompañaban a la procesión de la Inmaculada de 1640). También los gitanos que agasajaron a un embajador de Inglaterra en 1605 bailaban «con danzas a la morisca usanza». Entre estas danzas moriscas estaba la zarabanda, que con el tiempo influyó en otras danzas como el bolero, el ole y la tana. Cervantes, en *La gitanilla*, también habla de la predilección de los gitanos por los cantes y bailes moriscos: «Salió preciosa rica de villancicos, de coplas, seguidillas y zarabandas, y de otros versos, especialmente de romances, que los cantaba con especial donaire» (De Borja, 2021).

A modo anecdótico, en el año 1844 se comenzó la primera fase de reconstrucción de los edificios de la Alhambra pues, desde la estancia de las tropas francesas de Sebastiani, el estado de los edificios de la Alhambra había llegado a un deterioro bastante preocupante.

> Si se me preguntara, en el puro aspecto plástico y sin tener en cuenta la conservación del monumento, qué inquilinos de los de la Alhambra ha tenido desde entonces casaban mejor con ella, no vacilaría en responder para entendernos, aunque la denominación fuese impropia; los gitanos. Es decir, las gentes humildes que la habitaban en los tiempos de Washington Irving, y que éste ha descrito. Yo prefiero, plásticamente, a todas las otras la Alhambra campamento del pueblo, que pintan los grabados extranjeros del 800, cuando entre las yeserías ahumadas y los azulejos desportillados, pasean la pana verde, la basquiña roja, la manta alpujarreña y el catite (García, 1954).

Resulta curioso que, en las salas y patios de monarcas moros, los gitanos hicieran resonar guitarras y castañuelas haciendo danzas populares herederas de los moriscos el día 2 de enero (día de la Toma) y ser, la Alhambra, lugar que frecuentaban e incluso vivían. Quizás, dentro de la mentalidad colectiva gitano-morisca, existiría el mantener y seguir yendo al palacio de sus antepasados en su honor y recuerdo de los años gloriosos vividos del antiguo reino nazarí (Martínez, 2016).

EL TRIUNFO DE LA CATOLICIDAD

Tras el Sínodo de Guadix y el Concilio de Trento, la religiosidad popular, que debía ser exaltadora y desbordante, se acentuó aún más teniendo en la Semana Santa su gran esplendor. Este coincidió con la resolución del problema morisco y, por arte de magia desaparecieron los conflictos: intentaron, la mayoría de ellos, evitar el exilio a través de pregonar a los cuatro vientos el triunfo de la catolicidad. Aparentar ser lo que no eres pero que has de ser. De ahí el auge de las cofradías en todo el Reino de Granada, desde las propias clases urbanas hasta las élites, pues el protagonismo era muy cotizado. La simulación y la imagen social muy codiciada. En Granada, cofradías desde el centro urbano, el Realejo, el Albaicín pero, cómo no, también en los barrios periféricos como san Ildefonso, la Magdalena o las Angustias; en Guadix con cofradías que adoptan cada una de ellas una faceta de la Pasión de Cristo; en Baza, la iglesia de San Juan Evangelista, situada en el barrio con población morisca más abundante se convirtió en núcleo devocional de gran importancia (Jaramillo, 2011).

Cuotas de hermanos, pequeñas donaciones de feligreses y demanda pública que realizaban en las calles sustentaban los escasos ingresos de las cofradías que se caracterizaban por su humildad y su pobreza. Si alguna gozaba de ingresos, despertaba los recelos de la mitra o de los cristianos viejos, siendo perseguida y teniendo que superar pleitos y litigios ya que no aceptaban su preeminencia en actos públicos. Había que participar activamente para salvaguardarse de la Inquisición que estaba siempre al acecho de quien se apartase del dogma cristiano. Por eso se entendió que había que lucirse y gastarse todo el dinero en servirla con fastuosidad y ostentación como la hermandad de San Benito de Palermo en Granada. Si no se tenía dinero, no importaba; se gastaba más de lo que se ingresaba. Había que llamar la atención y demostrar públicamente que tú te sentías menos diferente del privilegiado mundo de sus amos; que tú eras incluso más cristiano que quienes poseían el título de ser puros y limpios de sangre.

Los vítores y gritos debían ser desgarradores, las lágrimas tenían que recorrer tus mejillas hasta quemar tu propia piel, los golpes de pecho habrían de ser con tal realismo que cualquier espectador se afligiese y sorprendiese al verlos pasar; no por el significado en sí de la propia Imagen (imagínense el sentido que para ellos tenía Cristo en la cruz o portándola aunque Jesús no dejase de ser un profeta más para ellos y el más nombrado dentro del Corán), sino más bien por lo que simbolizaba y el recuerdo que le transmitía del sufrimiento y dolor que en sí se tenía. Aun así hay que tener en cuenta que, si en la primera mitad del siglo XVI, las esculturas de la Pasión solían tener tamaño académico y estar realizadas en pasta de madera (VV.AA, 2022: 73), es a partir de la segunda mitad del siglo cuando las imágenes comienzan una tendencia naturalista, de realismo, expresividad y dinamismo, dando lugar a las escuelas sevillana y granadina destacando dos grandes artistas andaluces: Juan Martínez Montañés de Alcalá la Real, conocido como «el dios de la madera» y el granadino Alonso Cano, de quien dijo Antonio Palomino que fue «digno de memoria inmortal. Príncipe de las Tres Artes: Pintura, Arquitectura y Escultura. Fue también gran matemático y muy diestro en el manejo de la espada». Y es que el Concilio de Trento convirtió a la imagen en vehículo de catequesis e impacto emocional donde el artista recreó tonalidades de gran belleza, con expresividad y mucho dinamismo humanizando hasta límites insospechados a las propias esculturas. Para profundizar en ese realismo, se aplicaron otros recursos, como miembros articulados, lágrimas y ojos de cristal o pelucas, cejas y pestañas de pelo auténtico siendo su resultado extraordinario (VV.AA., 2020). Desde ese momento, la historia de las cofradías penitenciales fue la misma historia que sus imágenes titulares. Y también es de recordar que es en 1586, dentro de la Hermandad de la Hiniesta y de San Juan de Letrán, en Sevilla, cuando nace el capirote alto bajo el antifaz, llegando hasta nuestros días, pues dicha hermandad recogía que la procesión «los hermanos de luz (debían ir) con sus túnicas negras y capirotes altos, y los de sangre con sus túnicas blancas y capirotes bajos» (VV.AA. 2022).

Los cortejos comenzaban con el libro de reglas y, tal vez, un crucifijo. Un alférez portaba la insignia. El varón iba de disciplinante, vestido con su hábito con la espalda descubierta autoflagelándose; de nazareno, hermanos portadores de cruces que tenían de largo más de dos metros a imitación de Cristo, a los que se les ceñían coronas de espinas sobre las cabezas y realizaban descalzos la estación al igual que los «empalaos», que, con su cara cubierta por un velo para preservar su anonimato, llevaban ensogados tórax y brazos y, sobre los hombros, portaban el timón de un arado, dos toallas, dos almohadones y dos vilortas; de hermanos de luz alumbrando todo el recorrido; o de horquilleros debajo de los pasos (término que viene de la palabra latina *passus* que significa «el que sufre»), custodiando «la manta» donde estaba el nombre de todos los conversos y con sus rostros cubiertos pues, por un lado, guardaban fidelidad con su hermano cristiano, pero, a su vez, no se les veía como traidores por sus hermanos moriscos que, a pesar de haberse convertido, seguían fieles a su identidad y recordando lo que un día fueron y lo que a día de hoy eran. Porque, si bien, anteriormente, los titulares de las hermandades eran portados en unas andas o parihuelas llevadas por un número reducido de cofrades, con un sistema de horquillas para descansar en las paradas, en la segunda mitad del siglo XVI, con la influencia del Concilio de Trento y la recreación de los Misterios de la Pasión, se evolucionó hacia unas andas más complejas (VV. AA., 2022).

En cambio, las mujeres ya sí procesionaban con las caras descubiertas expuestas al espectador, llevando velas y no tanto como disciplinantes como en décadas anteriores. Las mismas que «hacían el sábado» para demostrar públicamente que no eran marranas, es decir, que no eran judías. Las mismas que custodiaban el universo bético sensorial. Las mismas que dejaban en sus alacenas aquellos dulces que durante esos días de Semana Santa serían degustados cuyas recetas ahondaban sus raíces en el período de al-Ándalus. Aquellas cuyos roscos de aceite se comían de manera íntima en la casa y los de manteca se ofrecían a las visitas. Aquellas que transmitieron tantos dulces andalusíes a sus generaciones siendo custodiados en la actualidad por las monjas, donde muchas hijas moriscas fueron internadas. De ahí los polvorones. De ahí los pestiños citados en *La lozana andaluza* de Francisco Delicado (1528) o las tortas de aceite, a quienes le dedica unas palabras Mateo Alemán en su obra *Guzmán de Alfarache* (1599). De ahí la mona de Pascua, cuyo significado viene del árabe *munna* que significa «provisión en la boca», es decir, un regalo en forma de dulce para recordar que la Cuaresma había finalizado. De ahí las torrijas, a las cuales, una vez cristianizadas, se les quiso eliminar su pasado emulando el cuerpo de Cristo (pan) cuya fritura representa el sacrificio y pasión y, una vez terminado el proceso, una vez duro, simular la resurrección del Señor. Ni más ni menos. Para quien se lo crea.

Con el paso de los años, la rivalidad se empezó a acentuar aún más. Las cofradías cerradas solo y exclusivamente a cristianos viejos odiaban a las que querían destacar, diferenciarse o demostrar públicamente su necesidad de ser cristiano y, por consiguiente, en muchas de ellas, sus componentes, eran negros, gitanos, mulatos, moriscos que aún seguían estando declarados como tal e incluso indios en la ciudad hispalense o libertos berberiscos en Málaga, como es el caso de la cofradía de Nuestra Señora de la Misericordia. Y encima, todas ellas, las de los barrios más populares y periféricos. Las de «los otros» que, a su vez, solían estar rodeadas de más gente, siendo más heterodoxas en todo su contenido. Podría ser muy cristiano y muy cofrade, pero siempre estarían manchados por su procedencia. El racismo y la xenofobia dentro de una sociedad clasista y estamental se intensificaba. Durante sus recorridos procesionales, cristianos viejos aguardaban para reírse, silbarles y hacerles todo tipo de mofas y escarnios, toda clase de vejaciones morales picándoles con alfileres, como bien es recogido por testimonios de la época (Moreno, 1986).

Pero no podemos dejar nuevamente de mencionar al disciplinante que solía ser la persona más marginada y excluida pero, a su vez, la más humilde, pues, a finales del siglo XVI, era tal el hambre que debían estar pasando y las penurias a las que se enfrentaban, que, siendo organizados en cuadrillas mercenarias, prestaban sus servicios a diferentes cofradías en un mismo día a cambio de alimentos y colaciones a pesar de poder terminar desangrados o inconscientes. Cuando te mueres de hambre, cuando debes justificar tu nueva fe ante quienes te mandan, ¡qué importa! El precepto del ayuno se incumplía, pero daba igual. Había que comer, pero también se debía aparentar.

> Era el caso de Maese Jerónimo, de raza negra, «que tiene para esta Semana Santa una cuadrilla y la junta en el castillo de Bibataubín. Expertos en tales argucias fueron también el lencero Simón Páez y el talabartero Sebastián Ruiz. Un testigo, Melchor de Pareja, relataba que "a media procesión se salen de doce en doce los disciplinantes y se van a cumplir con otra donde los tienen convidados y dejan sola y casi sin disciplina la que abandonan. Y parece juego verlos entrar y salir en la procesión"; de esa forma en una ocasión la procesión de las Angustias, a su paso por la calle Elvira, entre la tercera y cuarta estación de su recorrido, no llevaba ya disciplinantes ningunos, sino solamente las imágenes y los que alumbraban con cera» según el tratante Miguel Sánchez (López-Guadalupe y López-Gudalupe, 2017).

Es curioso cómo, al finalizar, las cofradías, a sus hermanos, les obsequiaban con abundante vino (alcohol) y alimentos, especialmente a los disciplinantes, sin olvidar que, en ocasiones y atendiendo al testimonio del mercader Francisco Fernández de Aranda comenzaban la propia procesión ya embriagados, borrachos e incluso perdiendo la conciencia. Es más, a algunos se les hacía comer carne de cerdo rompiendo la propia cuaresma. Pero no importaba. Debía ser su exposición pública y definitiva donde renegaban de su propia fe tras el calvario sufrido y entre su propia sangre derramada por todo su cuerpo y por las calles por donde procesionaban. El carácter aleccionador y de «purificación de sus almas» llegaba así a todos los presentes. A todos los que estaban viendo. Era una catequesis aleccionadora.

Si dijéramos que la Semana Santa era verdaderamente ortodoxa, mentiríamos. La Iglesia denunció desde un primer momento, desde sus altas jerarquías, muchas de las prácticas.

Lo heterodoxo, lo popular, lo profano, la ostentación, el exceso de autonomía de las diferentes hermandades supuso para la jerarquía eclesiástica un quebradero de cabeza sin olvidar las noches del jueves santo donde mujeres y hombres se mezclaban, siendo la luna llena encubridora del pecado. Es cierto que, aun así, les favorecía y, muchas de las hermandades y cofradías estaban amparadas por las propias órdenes religiosas, pues eran utilizadas como medio de evangelización y adoctrinamiento. Pero, para la Iglesia, lo popular debía estar sometido a lo sagrado: a lo oficial. Y así lo intentaron. Aunque en 1587 el arzobispo Menéndez de Salvatierra promulgó su *Mandamiento* dirigido expresamente a las cofradías de penitencia, es el año 1597 el que supuso un antes y un después en Granada: tras una serie de testificaciones dentro del proceso judicial del arzobispo don Pedro Vaca de Castro y Quiñones y, tras los abusos denunciados, la mayoría de las cofradías granadinas fueron suspendidas de sus actos excepto tres: Vera Cruz, Angustias y Soledad, siendo estas las más antiguas. Todo ello en un momento en el que habían aparecido los libros plúmbeos. En Sevilla, en el año 1604, también se quiso poner remedio al asunto, decretándose un Sínodo fruto del desorden, la carencia devocional y la profanidad. Tal y como expone Isidoro Moreno (1986):

> Se exhorta «por la sangre de Jesucristo», a cuantos salgan en las procesiones, a que «vayan en ellas con mucha devoción, silencio y compostura, de suerte que en el hábito y progreso exterior se eche de ver el dolor interior y arrepentimiento de sus pecados que han menester, y no pierdan por alguna vanidad y demostración exterior el premio eterno que por ello se les dará». No sería demasiada la confianza en los resultados que esta sola exhortación podría producir cuando se considera necesario, además, añadir mandamientos concretos y minuciosos para impedir estas «vanidades» y «vicios» que sin duda estaban dándose.

Y, a pesar de todo ello, a pesar de las diferentes prohibiciones que se impusieron como «la utilización de cualquier tipo de señales por las que los penitentes pudieran ser reconocidos, como guantes, cintas, cordones o rosarios especiales» (Moreno, 1986), pronto todo volvió a la situación anterior aunque con ciertas acepciones. No debemos olvidar que fue en Sevilla donde se reglaron, por primera vez, las procesiones de Semana Santa y cuyas directrices servirían para toda España.

> En tal sínodo se estableció por primera vez la llamada «Carrera Oficial», es decir, el recorrido que debían efectuar las cofradías con sus pasos durante las salidas de la Semana Mayor y que dictamina que todas las hermandades deben culminar sus procesiones en la catedral, salvo las de Triana, que habían de dirigirse a la iglesia de Santa Ana (VV.AA., 2020: 119).

VIVIR PARA OLVIDAR. OLVIDAR PARA VIVIR

Desde mediados del siglo XVII, se observa una inflexión en la práctica procesional. La disciplina pública, centrada en el hombre, va cediendo paso al ornato de los «pasos» y enseres, centrados en la imagen. El disciplinante entra en decadencia, mientras que el protagonismo cofrade se traslada ahora a las representaciones bíblicas y alegóricas y a la figura de los horquilleros, portadores de los «pasos». Es la procesión barroca, que da todo a la ornamentación de la imagen sagrada y, sobre todo, a la ostentación de los cortejos (López, 1995).

Surgen, por consiguiente, las grandes obras de la imaginería, la aparición de pasos de misterio, de imágenes de vestir, de palios y doseles, de pasos alegóricos, los gastos crecientes en aras de la fastuosidad, la obtención de títulos a veces «pomposos», la adquisición y adorno de capillas propias, las grandes celebraciones festivas o el bullicio y la profanidad que invaden las procesiones (Sánchez, 1988). Y aquí, en este preciso momento, el converso que pudo escapar convirtió su exposición pública de demostración religiosa católica en una manera de vivir. El rico pagó capillas en iglesias locales contratando a sus hermanos que, dentro de los diferentes gremios, sobrevivieron. El ebanista comenzó a tallar la madera de los tronos y tuvieron capacidad de mantener hasta nuestros días técnicas artesanales nazaríes como la taracea para la creación de mobiliarios, tableros y cofres. El platero, cuyo trabajo fue considerado como «vil y mecánico», bajo la protección de san Eloy Obispo para ocultar, muchos de ellos, su procedencia judeoconversa, avecindados en la calle de la Platería cordobesa y alrededores, con el fin de vigilar su trabajo y como motivo de seguridad, custodiaron su arte de generación en generación, perpetuando sus conocimientos, que llenaron las parroquias de plata y oro siendo sus manos curtidoras de las coronas de las Vírgenes. Al igual que las profesiones textiles, en especial los paños y la seda, cuya hegemonía fue indiscutible dentro de las actividades industriales de la capital cordobesa a partir del siglo XVI, quienes confeccionaron manteles, paños y estandartes bordados. Pero, cómo no, también mencionar a todas las hijas de conversos que, introducidas en conventos, se dedicaron al arte gastronómico que se introdujo dentro de la Semana Santa, especialmente con la repostería, sin olvidar que fueron transmisoras del arte del bordar que aprendieron de sus antepasados, confeccionando los vestidos y mantos de la Virgen María, en sus diferentes advocaciones, que se exponían en los altares de las iglesias, o bien, aquellos que lucían durante los recorridos procesionales.

En pequeñas localidades granadinas, el Domingo de Ramos aún se conserva una de las obligaciones impuestas en el Obispado de Guadix y Abadía de Baza a los moriscos: llevar ramos de oliva o palma para ser bendecidas y, sin saber por qué, tanto por unos como por otros, este gesto y acto que terminaba con la colocación de los mismos en los cabeceros de las camas o en los balcones de las casas estaba cargado de mucha simbología y virtudes mágicas íntimamente relacionadas con rituales paganos que buscaban la protección de los malos espíritus.

Si bien la Semana Santa comenzó a ser generalizada en todas las localidades andaluzas y la devoción mariana a incrementarse dentro de esta, el cristocentrismo se impuso en poblaciones donde la sublevación morisca fue devastadora, como es el caso de Galera, en el norte de la provincia granadina, donde tuvo incluso que acudir don Juan de Austria destruyéndola y sembrándola de sal después de un asedio de varios meses y considerado como uno de los hechos más brutales y despiadados de la contienda, o en pueblos de la Alpujarra, tanto almerienses como granadinos, como Válor, Órgiva, Cádiar, Dalias, Mairena o Láujar de Andarax, localidad esta última donde falleció la última sultana de Granada, Morayma, esposa de Boabdil y también Aben Humeya.

A partir del Concilio de Trento, en todas las poblaciones del Reino de Granada se comenzaron a construir, inmersos en la naturaleza —fundamentalmente espacios aislados del centro urbano o en uno de los caminos que dirigían hacia la fortaleza local donde se situaba una iglesia o santuario de culto mariano, pasionista o de reliquias (aunque con diferentes variantes según la localidad)— una serie de estaciones donde se meditaban diversos pasajes de la pasión y muerte de Jesús.

> En el año 1633 nació la vía sacra de la Abadía del Sacro Monte (…). También llamada calle de la Amargura tipológicamente se trata de un calvario. Itinerario a medio camino entre lo urbano y lo agreste donde es fácil vivir una experiencia ciudadana trascendente (…). Fue pionera en Granada y su ejemplo se expandió en otras: en el cerro de San Miguel, el cerro de San Antonio, el campo de los Mártires y el cerro de los Rebites. La ida del Sacro Monte como «Nueva Jerusalén» es principalmente personificada en la vía sacra. Una ruta penitencial y devocional conformada por un vía crucis callejero (…). El final pasionista del camino itinerante hallaba su cenit en el lugar constituido por una cruz elevada. Sin embargo, las connotaciones gloriosas de dicho recorrido, en el que se entiende la vida terrena como un constante peregrinar hacia la vida verdadera, hizo que fuese llamado por Henríquez de Jorquera como de la Resurrección de Nuestro Señor Jesucristo (Valverde, 2019).

El Vía Crucis se impuso marcando, con cruces, relieves o pequeñas estatuas los dolores que debió padecer Jesús hasta el Monte Calvario durante el recorrido facilitando así la meditación de los devotos mientras rezan, escuchan lecturas piadosas y los comentarios del presbítero que dirige la ceremonia pudiendo esta realizarse en el interior de la iglesia o en el exterior, fundamentalmente al amanecer, como es el caso de la localidad granadina de Benamaurel, pero debemos destacar Galera, cuyo origen es desconocido, aunque diferentes estudios lo remontan a finales del siglo XVI, principios del XVII, organizado por la Orden Franciscana que se asentó en Huéscar y donde se canta una antiquísima pieza musical cuya entonación está íntimamente relacionada con la liturgia y cantos mozárabes (Martínez, 2020).

MARÍA. REINA Y SEÑORA DE LOS ANDALUCES

Pero retomemos nuevamente a la Virgen María. Originariamente las vírgenes dolorosas solían ir vestidas con indumentaria de luto acorde con los siglos XV o XVI (símbolo de la viudedad mística de María) con la sobriedad, piedad y severidad de los Austrias. Realmente, tal y como nos argumenta Hernández (2018):

> En España, la reina Isabel de Valois, tercera esposa de Felipe II, tenía en su oratorio un cuadro de la Virgen de la Soledad, orante al pie de la cruz, devoción favorita de la casa real francesa. Se cuenta que los mínimos de Nuestra Señora de la Victoria de la Puerta del Sol de Madrid le pidieron permiso para encargar una escultura «vestidera», y la reina regaló la imagen al convento. La Virgen de la Soledad fue vestida con ropas de luto regaladas por la condesa viuda de Ureña, camarera mayor de la soberana. Y así nació con la Soledad una nueva tipología de Dolorosa, de origen italiano y de inspiración francesa, pero específicamente española. El negro de la Virgen estaba ahora en el atuendo, y era señal de luto.

Tal y como exponen Vega y García (2022) «parece como si nuestras dolorosas fueran reinas por sus aditamentos suntuarios y por toda la plasmación del modelo regio, autoritario, cristiano y contrarreformista de la monarquía hispana». La dolorosa andaluza, aparte de su inmaculada concepción, de su virginidad que fue defendida «a capa y espada», representaba «*la maternidad doliente* de toda mujer pero no solo en el drama genérico de la maternidad, sino madres amantes hasta la paranoia, heridas por el tremendo dolor del hijo bueno, rebelde, perseguido y crucificado. La religiosidad andaluza era profundamente pagana y antropomórfica. La Macarena o la Virgen de las Angustias son representaciones concretas de los sentimientos más humanos» (Caba, 2008). Bueno, rebelde, perseguido y crucificado (juzgado): adjetivos que identificaban el carácter andaluz y la cultura de lo jondo. Y fruto del desmedido fervor, de la necesidad de aparentar pero, a la misma vez, del dolor y miedo a ser descubierto y juzgado, el converso se agarró fuertemente a su Madre, es decir, a la Virgen María, al vínculo más cercano a su religión, convirtiéndola en su Reina y Señora. Centrándonos en el ritual existente alrededor de Ella, la memoria se conservó creando nuestra propia identidad. De ahí que destacaré la relación, por un lado, con la indumentaria de las novias en la medina andalusí de Fez e incluso de parte del norte de África, donde se asentaron muchos andalusíes y, por otro lado, con el ritual alrededor de las bodas de estos lugares, donde la novia es conducida en andas y subida en un templete con el techo octogonal idéntico a las de las vírgenes de las romerías, siendo acompañadas por un grupo de músicos mientras que las mujeres, asomadas a las ventanas, les arrojan pétalos de rosa, les cantan *suwet-thá* (saetas) y les gritan *yamila, yamila* (guapa, guapa). Y es que la resiliencia que demostraron aquellos moriscos permitió creaciones de tal excelencia como la transformación de la llamada íntima al *salat* en saeta; la epifanía doliente y pública del converso (Rodríguez, 2010). Porque, aunque el nacionalcatolicismo ha querido justificar que la saeta es una manifestación musical que se origina entre los siglos XVI y XVII siendo estas coplillas que cantaban los monjes franciscanos para conminar a los pecadores a arrepentirse siendo lanzadas como una flecha al cielo de forma espontánea (de ahí su nombre), hay que tener en cuenta que este canto monótono y lento es una adaptación de *shahada*, profesión de fe islámica cuya recitación se considera uno de los cinco pilares del islam. La *shahada* es una oración que se le ofrecía a Allah, como la saeta es también una oración que se lanza a Dios (Ruiz, 2021).

Tal y como dice Antonio Manuel Rodríguez, nos encontramos ante una metamorfosis que es totalmente comparable con la Semana Santa de Sevilla, de Triana o del Sacromonte.

> La grandeza de la resiliencia morisca y conversa elevó a la categoría de lo sublime una humillación de esta naturaleza. Y encima la olvidó para que no le doliera. Increíble. Envidiable. Así es el pueblo al que emocionalmente pertenezco. Capaz de transformar lo más ruin en lo más bello. Lo más detestable en lo más venerado. Qué importa a estas alturas el origen hispanomusulmán de los propios pasos de Semana Santa. Hasta ese grado de impiedad llega el intrusismo morisco. Equiparando el fervor imaginero a la ceremonia de investidura de sus reyes a los que subían a hombros a imitación de los califas andalusíes. Según sea costa o interior, con puerto o sin él, unos se cargan las andas a la nuca como los estibadores, mientras otros se las echan al hombro como arrieros y jornaleros (Rodríguez, 2010: 169).

Tras las expulsiones decretadas por la Corona, cientos y miles de familias moriscas se quedaron en tierras del sur peninsular, alcanzando, en el terreno económico, enorme éxito y acumulando incluso inmensas fortunas. Tal y como expone el profesor Enrique Soria (2012) refiriéndose a los moriscos que se quedaron en tierras granadinas:

> La seda en particular y el comercio en general explican su éxito, pero también lo hace el arrendamiento de rentas reales y de propiedades de los sectores privilegiados. Paralelamente, muchos de ellos poseyeron otros tantos oficios públicos, llegando a controlar bastantes juraderías y regimientos, incluyendo las disputadas veinticuatrías de

la capital; cargos de escribanos y procuradores del número; siendo abogados de la Real Chancillería; ostentando algunos el rango de capitanes y alcaides, clérigos e incluso contando entre sus filas con un oidor de Sevilla, muerto electo de Granada. Riqueza y poder que explican la protección que les debió brindar parte de las autoridades locales. Por su propia conveniencia, por corrupción o por convencimiento algunos oligarcas urbanos les arroparon y actuaron como colchón frente a la presión externa.

El morisco consiguió eludir el exilio: vivir para olvidar y olvidar para vivir. Aquel grupo desapareció públicamente y se quedaron, por supuesto que sí, pero mimetizándose entre aquellos cristianos viejos que desconocían sus historias personales porque, en definitiva, quizás también todos debían ocultar su procedencia. Sus orígenes. Sus antepasados. Porque nadie era limpio y puro. Ni el más cristiano viejo de entre todos los cristianos viejos. Y sin ser conscientes de ello, transmitieron su identidad agarrándose a lo poco que podía sostenerles, pero también, alrededor de los recorridos procesionales, por su necesidad de demostrar y aparentar. Su fastuosidad y ostentación. En definitiva, lo que hoy día somos. Lo que hoy día nos diferencia.

Y siempre la Virgen María, porque su fe fue exaltadora en estas tierras andaluzas. No me queda otra que volver nuevamente a Granada, situarme en la primavera de 1492 y, siguiendo las palabras del historiador José Antonio Palma (2021), hacer mención al barrio del Realejo, ubicado en el corazón mismo de la ciudad que fue último reducto musulmán en la Península:

> En aquel momento clave, los Reyes Católicos D. Fernando y D.ª Isabel, junto al primer prelado granadino, fray Hernando de Talavera, imitando las acciones de nuestro glorioso patrón y mártir San Cecilio en la antigua Iliberis, plantaron en el Realejo la semilla de la Fe. Una semilla que con el paso del tiempo dio abundantes frutos e hizo de este privilegiado arrabal granadino un divino pensil mariano. ¡Sí! Podemos decir sin reparo que

el Realejo es el mayor altar que ha erigido Granada en honor a la Madre de Dios. Solo este barrio puede llevar a gala albergar en su territorio a las principales devociones marianas de la ciudad, las más arraigadas y queridas por los granadinos, a la vez que con mayor peso histórico: Nuestra Señora de las Angustias y Nuestra Señora del Rosario, patrona y copatrona de la ciudad respectivamente. Igualmente, tiene el gran honor de ser el territorio de nuestra diócesis que cuenta con mayor número de imágenes de la Santísima Virgen María a las que la Iglesia ha distinguido con la gracia de una Coronación Canónica; las ya citadas imágenes de las patronas granadinas, Nuestra Señora de las Angustias de Santa María de la Alhambra, María Santísima de la Misericordia, María Santísima de la Amargura y Nuestra Señora de la Esperanza.

Pero, antes de acabar, quisiera mencionar el Miércoles Santo de Granada, cuando el silencio y la negrura de la noche es rota por la luminosidad y destellos de los tronos, por la policromía de sus adornos florales, por el aroma a incienso que impregna las calles, por el amor profesado al Santísimo Cristo del Consuelo, llamado Cristo de los Gitanos, y por María Santísima del Sacromonte, donde la procesión cruza el Paseo de los Tristes a los pies de la Alhambra y, de madrugada, los cofrades se disponen a subir la Cuesta del Chapiz para adentrarse en los barrios del Albaicín y del Sacromonte, que esperan, en la oscuridad de la madrugada, a Jesús y a su Madre, pero esta vez, devorada por las hogueras y fogatas que van marcando el recorrido procesional entre vítores y saetas, entre lágrimas y un fervor profundo. Barrios donde aparecieron los libros plúmbeos, donde se asentó casuísticamente el patrón de Granada San Cecilio, en el que muchos moriscos se protegieron de la Inquisición integrándose con los gitanos y los negros andaluces hasta mezclar sus sangres. Hasta compartir y unir sus costumbres, sus músicas, sus bailes, sus cantes y sus trajes inyectándolo todo en nosotros hasta convertirse su conjunto en nuestra identidad como andaluces. De ahí nuestro traje de faralaes. De ahí el flamenco.

LA AMNESIA DEL PUEBLO ANDALUZ

La amnesia del pueblo andaluz había dado su fruto: aprenderían a vivir olvidando y a olvidar para vivir. Renegarían de su pasado musulmán y judío y ensalzarían, vitorearían y defenderían como nadie, su procedencia castellana y norteña como si esta tierra se hubiera convertido en un solar vacío que tuvo que poblarse al completo, pero también aclamarían su fe y devoción, su acérrima religión que llenaría de amuletos sus casas para dirigir sus plegarias más íntimas, desde el zaguán (convertido en el primer elemento arquitectónico de resistencia) hasta el cabecero de sus camas (como señal de protección de malos espíritus con influencias paganas) y harían de la Semana Santa una de sus fiestas grandes, convirtiendo el dolor, la pena y el sufrimiento padecido en una manera de vivir desde el mismo nacimiento para no poder ser juzgado. La resiliencia de lo andaluz es infinita y he aquí una prueba más de ello. Nuevamente, tras la noche oscura del alma de quienes se quedaron, se festejaba la resurrección, el triunfo de la primavera y, por consiguiente, de la misma vida porque, gracias a su ocultamiento, su corazón siguió latiendo, su huella permaneció hasta hoy y su cultura se convertiría en universal.

BIBLIOGRAFÍA

AA.VV.: *Historia de España*. Ed. Anaya. Madrid, 2009.

AA.VV.: *Historia universal*. Ed. Salvat. Barcelona, 2008.

AA.VV.: *Historia de España. La enciclopedia del estudiante*. 20 vol. Ed. Santillana. Madrid, 2005.

AGUILERA PORTALES, R.E. y GONZÁLEZ CRUZ, J.: «La muerte como límite antropológico. El problema del sentido de la existencia humana» en Gazeta antropológica, 25 (2). Artículo 56, 2009.

ALBAICÍN, C.: *Zambras de Granada y flamencos del Sacromonte. Una historia flamenca en Granada*. Almuzara. Córdoba, 2011.

ALONSO DEL CASTILLO: *Sumario e recopilación de todo lo romançado por mi el licenciado Alonso del Castillo, romancádor del Santo Oficio*. Madrid, 1852.

ALONSO PONGA, J. L.: «Trasfondo humano de la Semana Santa. Religiosidad popular y catolicismo popular en la celebración cristiana», en CRESPO MUÑOZ, F.J. (Coord.): La Semana Santa de Granada: Piedad popular. IV Simposio de Historia de la Semana Santa de Granada. Delegación de Cultura Excmo. Ayuntamiento de Granada. Granada, 2022.

ALVAR, J.: *Cristianismo primitivo y religiones mistéricas*. Cátedra. Barcelona, 1995.

ALVAR, J.: *Los misterios. Religiones «orientales» en el Imperio romano*. Crítica. Barcelona, 2001.

AMELANG, J. S.: *Historias paralelas. Judeoconversos y moriscos en la España moderna.* Ediciones Akal. Madrid, 2011.

ANDRÉ APARICIO, S. y GRANADOS VALVERDE, A.: *Antropología de una fiesta granadina. El Cascamorras.* Universidad de Granada. Granada, 1990.

ANTOLÍNEZ DE BURGOS, J.: *Historia eclesiástica de Granada.* Ed. De M. Sotomayor. Granada, 1996.

ASÍN PALACIOS: *Obras escogidas.* Departamento de Historia del Islam. Granada, 1946.

BARRIOS AGUILERA, M., «Religiosidad y vida cotidiana de los moriscos», Historia del reino de Granada II. La época morisca y la repoblación (1502-1630). Universidad de Granada y el Legado Andalusí, Granada, año 2000, pp. 372 y 373.

BARRIOS AGUILERA, M. y PEINADO SANTAELLA, R. G.: *Historia del Reino de Granada.* Universidad de Granada y Legado andalusí. Granada, 2000.

BARRIOS AGUILERA, M.: *La invención de los libros plúmbeos. Fraude, historia y mito.* Editorial Universidad de Granada. Granada, 2011.

BENYAYA, K.: *Estudio de la mística cristiana y musulmana a través de la obra de Ibn 'Arabi y San Juan de la Cruz* (Tesis doctoral Programa de Doctorado en Lenguas, Textos y Contextos). Universaidad de Granada, 2017.

BERNABÉ PONS, L. F.: «Notas sobre la cohesión de la comunidad morisca más allá de su expulsión de España» en Al-Qántara. Revista de estudios árabes, 29. Año 2008. Pp. 307-332.

BERNABÉ PONS, L. F.: «Musulmanes sin Al-Andalus. ¿Musulmanes sin España? Los moriscos y su personalidad histórica» en eHumanista 37, 2017. Pp. 249-267.

BLÁZQUEZ, J. M.; MARTÍNEZ-PINA, J. y MONTERO, S.: *Historia de las religiones antiguas. Oriente, Grecia y Roma.* Cátedra. Madrid, 1993.

BLÁZQUEZ MARTÍNEZ, J. M.: «La religión de los pueblos de la Hispania prerromana» en I Coloquio Internacional sobre religiones prehistóricas de la Península Ibérica. Salamanca, 1990. Pp. 223-233.

BOEGLIN, M.: *Entre la cruz y el Corán. Los moriscos en Sevilla (1570-1613).* Ayuntamiento de Sevilla, Instituto de la cultura y las artes. Sevilla, 2010.

BOSCOBOINIK, A.: «¿Por qué estudiar los miedos desde la Antropología», en Archivo de Etnografía de Cataluña, n.º 16. Universidad de Cataluña, 2016. Pp. 119-136.

BOSQUE MAUREL, J.: *Granada. Historia y cultura.* Diputación Provincial de Granada. 2011.

BRISSET, D.: «Hacia un análisis de las fiestas de Granada» en Gazeta Antropológica, 1. Ganada, 1982.

BRISSET, D.: «La fiesta de la Granada musulmana. Análisis de las fiestas de Granada» en Gazeta Antropológica, 5. Artículo 6. Granada, 1987.

BRISSET, D.: *Fiestas de moros y cristianos en Granada.* Diputación Provincial de Granada. Granada, 1988.

BRISSET, D. y PARRONDO, C.: «Las fiestas de los jesuitas en España», en Historia 16. n.º 164. Madrid, 1989.

BRISSET, D.: «Otros procesos conmemorativos centenarios. La Toma de Granada» en Revista de Dialectología y Tradiciones populares. CSIC. Año 1995. Pp. 141-153.

BRISSET, D.: *La rebeldía festiva. Historia de fiestas ibéricas.* Luces de gálibo. Barcelona, 2009.

CABA, C. y P.: *Andalucía, su comunismo libertario y su cante jondo.* Atlántico. Madrid, 2008.

CAMPOS MÉNDEZ, I.: «La aparición de los misterios mitraicos en el marco religioso del Imperio romano» en Vector Plus: miscelánea científico-cultural, n.º 24. Pp. 33-44.

CANO DARD, B.E.: «Mística y religiosidad en la corte nazarí. Una aproximación del Salón del Trono de Yusuf I a la luz del sufismo» en Revista de CEHGR, número 34. Año 2022. Pp. 63.86.

CANDAU CHACÓN, M. L.: *Los moriscos en el espejo del tiempo.* Universidad de Huelva. Huelva, 1997.

CANDAU CHACÓN, M. L.: «Entre lo permitido y lo ilícito: la vida afectiva en los tiempos modernos», en Tiempos modernos, 18. Sevilla. Año 2009.

CANTU, C.: *Historia universal.* Tomo V L. XVI. Biblioteca Ilustrada de Gaspar y Rojo. Madrid, 1856.

CARDAILLAC, L.: *Moriscos y cristianos, un enfrentamiento polémico* (1492-1640). Madrid, 1979.

CARO BAROJA, P.: *Los moriscos del Reino de Granada.* Alianza Editorial. Madrid, 1976.

CARO BAROJA, J.: *Ensayos sobre la cultura popular española.* Dosbe. Madrid, 1979.

CARO BAROJA, J.: *El estío festivo.* Taurus. Madrid, 1979.

CARO BAROJA, J.: *El Carnaval. Antropología.* Alianza Editorial. Madrid, 2006.

CARO, R.: *Adiciones al libro de las Antigüedades y Principado de Sevilla.* Sevilla, 1932.

CARRASCO URGOITI, M. S.: *El moro de Granada en la literatura del siglo XV al XIX.* Universidad de Granada. Granada, 1996.

CASTILLO FERNÁNDEZ, J.: «Luis Enríquez Xoaida. El primo hermano del rey Católico. Análisis de un caso de falsificación histórica e integración social». en Sharq Al-Ándalus, 12. Alicante, 1995.

CASTILLO FERNÁNDEZ, J.: «Análisis de los textos de las representaciones de moros y cristianos de Cúllar (Granada)» en Demófilo 18. Fundación Antonio Machado. Sevilla, 1994.

CASTILLO FERNÁNDEZ, J.: «Luis Enríquez Xoaida. El primo hermano morisco del rey Católico. (Análisis de un caso de falsificación histórica e integración social)» en Sharq al-Ándalus, 12. 1995. Pp. 253-253.

CASTILLO FERNÁNDEZ, J.: «Arrendamientos e bienes confiscados a moriscos en Baza y su tierra (1571-1616)» en Chrónica nova: revista de historia moderna de la Universidad de Granada, 23. Año 1993. Pp. 63-98.

CASTILLO FERNÁNDEZ, J.: «El sacerdote morisco Francisco de Torrijos: un testigo de excepción en la rebelión de las Alpujarras» en Chrónica nova: revista de historia moderna de la Universidad de Granada, 23. Año 1996. Pp. 465-492.

CASTILLO FERNÁNDEZ, J.: «Los que se fueron y los que se quedaron. Destino de los moriscos del norte del Reino de Granada», en Revista del Centro de Estudios Históricos de Granada y su Reino, 12. Año 1998. Pp. 115-146.

CASTILLO FERNÁNDEZ, J.: «El culto a la Virgen de la Piedad en la ciudad de Baza (siglos XVI-XVIII): Una visión histórica de su origen y evolución» en Péndulo, 5. Baza, 2004. Pp. 9-32.

CHRISTIAN, W. A.: «Sobrenaturales, humanos, animales: exploración de los límites en las fiesta españolas a través de las fotografías de Cristina García Rodero» en MARTÍNEZ-BURGOS GARCÍA, P. y RODRÍGUEZ, GONZÁLEZ, A.: La fiesta en el mundo hispánico. Colección Estudios. Universidad de Castilla La Mancha. Cuenca, 2004.

CILVETI, A.: Introducción a la mística. Editorial Cátedra. Madrid, 1974.

CIVIL, P.: «Iconografía y relaciones en pliegos. La exaltación de la Inmaculada Concepción en Sevilla de principios del siglo XVII» en Relaciones de sucesos de España (1500-1750). Alcalá de Henares, 1996. Pp. 65-90.

CLAVERO, M.: El ser andaluz. Colección Andalucía. Ed. Almuzara. Córdoba, 2006.

COCIMANO, G. D.: «El sentido mítico y la metamorfosis de lo cotidiano en el carnaval» en Gazeta de Antropología, 17. Año 2001.

COMBY, J.: *Para leer la historia de la Iglesia. Desde sus orígenes hasta el siglo XIV.* Verbo Divino. Navarra, 1999.

COMBY, J.: *Para leer la historia de la Iglesia. Desde el siglo XV al siglo XX.* Verbo Divino. Navarra, 1999.

CORBIN, H.: *Historia de la Filosofía Islámica.* Trotta, Madrid, 1994.

COVARRUBIAS, S.: *Tesoro de la lengua castellana o española.* Madrid, 1611.

COX, G.: *Guía existencialista para la muerte, el universo y la nada.* Alianza editorial. Madrid, 2020.

CRESPO MUÑOZ, F. J. y VALVERDE TERCEDRO, J. M. (Coord.): *La Semana Santa de Granada: un recorrido por siglos de historia.* I Simposio de Historia de la Semana Santa de Granada. Delegación de Cultura Excmo. Ayuntamiento de Granada. Granada, 2018.

CRESPO MUÑOZ, F. J. y VALVERDE TERCEDRO, J. M. (Coord.): *La Semana Santa de Granada: devoción y arte.* II Simposio de Historia de la Semana Santa de Granada. Delegación de Cultura Excmo. Ayuntamiento de Granada. Granada, 2019.

CRESPO MUÑOZ, F. J.: «La devoción cofrade en Granada: una historia por desentrañar» en CRESPO MUÑOZ, F.J. y VALVERDE TERCEDRO, J.M.: *La Semana Santa de Granada: devoción y arte.* II Simposio de Historia de la Semana Santa de Granada. Delegación de Cultura Excmo. Ayuntamiento de Granada. Granada, 2019. Pp. 15-30.

CRESPO MUÑOZ, F. J. y VALVERDE TERCEDRO, J. M. (Coord.): *La Semana Santa de Granada: pasado, presente y futuro.* III Simposio de Historia de la Semana Santa de Granada. Delegación de Cultura Excmo. Ayuntamiento de Granada. Granada, 2020.

CRESPO MUÑOZ, F. J. (Coord.): *La Semana Santa de Granada: Piedad popular.* IV Simposio de Historia de la Semana Santa de Granada. Delegación de Cultura Excmo. Ayuntamiento de Granada. Granada, 2022.

CRÓNICA de don Álvaro de Luna, condestable de los reinos en Castilla y León. Ed. de J.M. de Flores. Madrid, 1784.

CRÓNICA DEL S. XV: «Hechos del condestable Miguel Lucxas de Yranzo» cit. en BRISSET, D.: Fiestas de moros y cristianos en Granada. Diputación Provincial de Granada. Granada, 1988.

CUEVAS, C.: *El pensamiento del Islam. Contenido e historia. Influencia en la mística española*. Ediciones Istmo. Madrid, 1972.

DE BORJA GARCÍA DUARTE, F.: *Memoria viva de al-Ándalus. El al-Ándalus que nos habita*. Ed. Almuzara. Córdoba, 2021.

DE MORALES, A.: «La batalla de Lepanto». Edición de texto latino con introducción y traducción de Jenaro Costas Rodríguez en Cuadernos de la UNED. UNED. Madrid, 1987.

DE LA GRANJA, F.: «Fiestas cristianas en Al-Ándalus», en Al-Ándalus. Madrid, 1969. T. XXXV.

DE VALENCIA, P.:, *Obras completas*, vol. IV-2. Año 2000. Pp. 143-357.

DEL CAMPO, A.: *La infame fama del andaluz*. Colección Andalucía. Ed. Almuzara. Córdoba, 2020.

DEL CAMPO, A.: *Historia de la Navidad. El nacimiento del goce festivo en el cristianismo*. El Paseo editorial. Sevilla, 2020.

DE ZAYAS, R.: *Los moriscos y el racismo de Estado. Creación, persecución y deportación (1499-1612)*. Almuzara. Córdoba, 2006.

DÍAZ SAMPEDRO, B.: «La investigación histórica y jurídica de las cofradías y hermandades de pasión en Andalucía» en Foro, Nueva época, n.º 14, 2011.

DOMENE SÁNCHEZ, D.: *El origen de las fiestas. La cristianización del calendario*. Editorial Marfil. Madrid, 2010.

DOMENE VERDÚ, J. F.: *Las fiestas de moros y cristianos.* Universitat D'Alacant. Alicante, 2015.

DOMÍNGUEZ ORTIZ, A. y VINCENT, B.: *Historia de los moriscos. Vida y tragedia de una minoría.* Madrid, 1978.

DOMÍNGUEZ ORTIZ, A.: «Andalucía en la Edad Moderna». Revista de Estudios Regionales. Vol. III Extraordinario. Málaga, 1981.

DOZY, R. P.: *Historia de los musulmanes de España. El Califato.* Tomo III. Turner. Madrid, 1984 .

EL ALAOUI, Y.: «Ignacio de Casas. Jesuita y morisco» en Sharq al-Andalus, 14-15. Año 1997.1998. Pp. 317-339.

ELIADE, M.: *Historia de las creencias y las ideas religiosas,* vol III: de Mahoma a la era de las reformas, Cristiandad, Madrid, 1984.

ELVIRA CANO, B.: «Mística y religiosidad en la corte nazarí. Una aproximación del Salón del Trono de Yūsuf I a la luz del sufismo» en Revista del Centro de Estudios Históricos de Granada y su Reino. nº. 34. Año 2022. Pp. 63-86.

EPALZA, M. DE: *Jesús entre judíos, cristianos y musulmanes hispanos (siglos VI-XVII).* Granada, 1999.

FERNÁNDEZ JUÁREZ, G. y MARTÍNEZ GIL, F.: *La fiesta del Corpus Christi.* Universidad de Castilla-La Mancha. Cuenca, 2002.

FERRER CUÑAT, C.: «Los templarios y la tradición iniciática de los trovadores» en Codex Templi. Templespaña. Ed. Debolsillo. Barcelona, 2015.

FLOREZ, E.: *España sagrada.* Tomo VII y IX. Madrid. 1744-45.

FRAZER, J. G.: La rama dorada. Nueva York, 1922.

FUCH, B.: *Una nación exótica. Maurofilia y construcción de España en la temprana Edad Moderna.* Ediciones Polifemo. Madrid, 2011.

GALLEGO Y BURÍN, A.: «Andalucía y Marruecos. Granada centro del africanismo» en El Defensor de Granada. Granada, 30 de agosto de 1924.

GALLEGO Y BURÍN, A.: «Dotación de los Reyes Católicos a las iglesias erigidas en Granada» en Cuadernos de Arte, vol. II. Año 1937. p. 123.

GALLEGO BURÍN, A. y GÁMIR SANDOVAL, A.: *Los moriscos del Reino de Granada según el Sínodo de Guadix de 1554.* Universidad de Granada. Granada, 1996.

GALLEGO, A. y GAMIR, A. cit. TRISTÁN GARCÍA, F.: «Benamaurel, villa de la jurisdicción bastetana. De la época nazarí a la morisca» en Péndulo: Revista Miscelánea de difusión cultural, n.º 8. Imprenta Cervantes. Baza, 2007.

GALTIER MARÍN, F.: «Los orígenes de la Paraliturgia procesional de Semana Santa en Occidente» en Aragón en la Edad Media, XX. Año 2008. Pp. 349-360.

GARCÍA ARENAL, M.: *Los moriscos. Bibliotecas de visionarios, heterodoxos y marginados.* Editora Nacional. Madrid, 1975.

GARCÍA CABRERA, D.: «Indagaciones inquisitoriales en la Comarca de Huéscar» en Boletín de Estudios Pedro Suárez. Guadix n.º 29. Año 2016. Pp. 151-176.

GARCÍA DE PAREDES MUÑOZ, A. y GARCÍA DE PAREDES ESPÍN, R.: *Baza. Ciudad Milenaria.* Imprenta Cervantes. Baza, 2005. Pp. 61-62.

GARCÍA GÓMEZ, E.: *Releyendo a Washington Irving. Silla del moro y nuevas escenas andaluzas.* Buenos Aires, 1954.

GARCÍA PEDRAZA, A.: *Actitudes ante la muerte en la Granada del siglo XVI. Los moriscos que quisieron salvarse.* Volumen I. Universidad de Granada. Granada, 2002.

GARCÍA SANJUÁN, A.: «Santiago Matamoros, pasado y presente de un mito medieval peninsular» en MONTERA ARIAS, I. (Coord.): Almanzor y Carlomagno. El camino de

Santiago ante el islam en época medieval. Ediciones Trea. Gijón, 2023.

GARCÍA TRIGUEROS, D.: «El legado de la fe: una mirada a través de las glorias de María en la ciudad de Granada» en VV.AA.: Stabat Mater Granatensis. Talleres de Artes Gráficas de Cáritas Diocesana de Granada. Granada, 2021. Pp. 121-140.

GARRIDO ATIENZA, M.: *Las capitulaciones para la entrega de Granada.* Ed. Facsímil. Granada, 1992.

GARRIDO GARCÍA, C. J.: *La Bula de erección de beneficios y oficios parroquiales de la Diócesis de Guadix de 1505.* Obispado de Guadix. Guadix, 2005.

GARRIDO GARCÍA, C. J.: «La aculturación musical de los moriscos del Reino de Granada a través del ejemplo de los de la Diócesis de Guadix» en Boletín del Centro de Estudios Pedro Suárez, n.º 29. Año 2016 pp. 109-124.

GARRIDO GARCÍA, C. J.: «Las fiestas de la catedral de Guadix, según la Consueta aprobada por el Obispo Martín de Ayala en 1557» en Boletín del Centro de Estudios Pedro Suárez, n.º 20. Año 2007. Pp. 25-42.

GARRIDO GARCÍA, C.J.: «La esclavitud morisca en el Reino de Granada. El caso de la villa de Fiñana (1569-1582)» en Miscelánea de Estudios Árabes y Hebraicos. Sección Árabe-Islam, 50, Año 2013.pp 107–131

GARRIDO GARCÍA, C. J.: «De la recuperación a la expropiación: cambios en la estructura de la propiedad de la tierra en las ciudades del reino de Granada en época morisca y tras la expulsión. El ejemplo de Guadix.» en Miscelánea de Estudios Árabes y Hebraicos. Sección Árabe-Islam, 73. Año 2024. pp. 87–118.

GARRIDO GARCÍA, C. J.: *El paradigma contrarreformista de la diócesis de Guadix (siglos XVI-XVII).* Zenit Ediciones. Guadix, 2009.

GESTOSO, J.: *Historia de los barrios vidriados sevillanos.* Sevilla, 1904.

GÓMEZ MARÍN, J. A.: *Vírgenes onubenses (Notas apresuradas para una socioantropología del milagro)* en Boletín de la Real Academia Sevillana de Buenas Letras: Minervae Baeticae, 38, 125-135.

GÓMEZ MORENO, M. y CARRIAZO, J. M.: *Memorias del reinado de los Reyes Católicos, que escribía el bachiller Andrés Bernáldez, cura de Los Palacios.* Real Academia de la Historia (España). Madrid, 1962.

GONZÁLEZ ALCANTUD, J. A.: *Lo moro: las lógicas de la derrota y la formación del estereotipo islámico.* Anthropos. Barcelona, 2002.

GONZÁLEZ ALCANTUD, J. A. y BUXÓ REY, M.J. (Eds.): *El fuego. Mitos, ritos y realidades.* Anthropos. Diputación Provincial de Granada. Granada, 1997.

GONZÁLEZ ALCANTUD, J. A.: «Mythos y techné: sobre las presuntas supervivencias moriscas en la contemporaneidad» en GONZÁLEZ ALCANTUD, J.A.: Lo moro: las lógicas de la derrota y la formación del estereotipo islámico. Anthropos. Barcelona, 2002.

GONZÁLEZ ALCANTUD, J. A.: *El mito de Al Ándalus. Origen y actualidad de una idea cultural.* Almuzara. Córdoba, 2014.

GONZÁLEZ ALCANTUD, J.A.: *Al Ándalus y lo andaluz. Al Ándalus en el imaginario y en la narración histórica española.* Editorial Almuzara. Córdoba, 2017.

GONZÁLEZ COSTA, A. y LÓPEZ ANGUITA, G.: *Historia del sufismo en al-Ándalus.* Editorial Almuzara. Córdoba, 2009.

GONZÁLEZ FERRÍN, E.: *Historia general de al-Ándalus.* Editorial Almuzara. Córdoba, 2006.

GRACIA BOIX, R.: *Autos de fe y causas de la Inquisición de Córdoba.* Diputación de Córdoba. Córdoba, 1983.

GUICHARD, P.: Al-Ándalus. *Estructura antropológica de una sociedad islámica en Occidente.* Universidad de Granada. Granada, 1998.

GUTIÉRREZ, J. I.: *Identidad y simulación. Ficciones, performances, estrategias culturales.* Advana Vieja. Valencia, 2009.

HENRÍQUEZ DE JORQUERA, F.: *Anales de Granada*, 2 tomos. Facultad de Filosofía y Letras de Granada. Granada, 1934.

HERBERS, K.: «Santiago Matamoros: ¿mito o realidad de la Reconquista» en RÍOS SALOMA, M.F. (ed): El mundo de los conquistadores. Universidad Nacional Autónoma de México. Año 2015. Pp. 307-320.

HERNÁNDEZ LÁZARO, A.: *Vírgenes negras del sur.* Ed. Almuzara. Córdoba, 2018.

INFANTE, B.: *Orígenes de lo flamenco y el secreto del cante jondo.* Sevilla, 1980.

INFANTE, B.: *Ideal Andaluz.* Fundación de Estudios andaluces. Sevilla, 2018.

JALED, I. y RODRÍGUEZ, A.: *Moriscos andalusíes, del destierro a la concordia.* Junta Islámica y Fundación Euroárabe de Formación. Madrid, 2011.

JAMES, W.: *Principios de psicología.* Harvard University Press. Cambridge, 1989.

JARAMILLO CERVILLA, M.: «La religiosidad popular en la Diócesis de Guadix-Baza. Un ejemplo de pervivencia histórica» en Centro de Estudios Pedro Suárez. Guadix, 2011.

KAMEN, H.: *La Inquisición española. Mito e Historia.Crítica.* Barcelona, 2013.

LADERO QUESADA, M. A.: *Granada después de la conquista: repobladores y mudéjares.* Diputación Provincial de Granada. Granada, 1988. Apéndice documental n.º 50, p. 437.

LAFUENTE ALCÁNTARA, M.: *Historia de Granada.* Tomo III. Granada, 1846.

LEVI-PROVENÇAL, E.: *La civilización árabe en España.* Ed. Española. Madrid, 1980.

LONGÁS BARTBÁS, P.: *Vida religiosa de los moriscos.* Madrid, 1915.

LÓPEZ GONZÁLEZ, M. N.: *La dignidad del habla andaluza.* Almuzara. Córdoba, 2018.

LÓPEZ-GUADALUPE MUÑOZ, M. L. y LÓPEZ-GUADALUPE MUÑOZ, J.J.: *Historia viva de la Semana Santa de Granada.* Arte y devoción. Editorial Universidad de Granada, 2017.

LÓPEZ-GUADALUPE MUÑOZ, M. L.: «El Despertar cofrade de Granada: vías de especialización devocional en la Granada Altomoderna» en CRESPO MUÑOZ, F.J. y VALVERDE TERCEDRO, J.M.: La Semana Santa de Granada: un recorrido por siglos de historia. I Simposio de Historia de la Semana Santa de Granada. Delegación de Cultura Excmo. Ayuntamiento de Granada. Granada, 2018.

LÓPEZ GUTIÉRREZ, L.: *Anatomía de la Semana Santa.* Ed. Almuzara. Córdoba, 2019.

LÓPEZ MARTÍNEZ, M.: «Gitanos y Corpus Christi en Jaén en la primera mitad del siglo XVII» en Boletín del Instituto de Estudios Giennenses, 176-2. Jaén, 2000. Pp. 737-750.

LÓPEZ MUÑOZ, M. L.: «Las cofradías de penitencia de Granada en la Edad Moderna» en Gazeta de Antropología, 11. Año 1995.

LOWENTHAL, D.: *El pasado es un país extraño.* Akal. Madrid, 1998.

MAGAÑA VISBAL, L.: *Reseña histórica obre la aparición, culto y milagros de Ntra. Sra. de la Cabeza que se venera en la Iglesia Parroquial de Zújar.* Imprenta Requena. Baza, 1926.

MAGAÑA VISBAL, L: *Baza Histórica.* Diputación Provincial de Granada. Granada, 1996.

MÁRMOL Y CARVAJAL, L.: *Historia de la rebelión y castigo de los moriscos del Reyno de Granada.* Delegación Provincial de la Consejería de Cultura de Granada. Granada, 1997.

MÁRQUEZ VILLANUEVA, F.: *Santiago: trayectoria de un mito*. Ediciones Bellatierra. Barcelona, 2004.

MARTÍN LINGS: *Muhammad. Su vida, basada en las fuentes más antiguas*. Libros Hiperión. Técnicas gráficas. Madrid, 1983.

MARTÍN SOTO, R.: *Magia y vida cotidiana. Andalucía siglos XVI-XVIII*. Sevilla, 2008.

MARTÍNEZ POZO, M. A.: *Descubre el origen… Fiestas de moros y cristianos en la Comarca de Baza* (Benamaurel-Cúllar-Zújar). Imprenta Cervantes. Baza, 2008.

MARTÍNEZ POZO, M. A.: *En busca de la verdad… Fiestas de moros y cristianos en la Comarca de Baza*. Ntra. Sra. De la Cabeza. II Parte. Imprenta Cervantes. Baza, 2009.

MARTÍNEZ POZO, M. A.: *Escuela, docentes y fiestas*. Ed. Círculo Rojo. Almería, 2013.

MARTÍNEZ POZO, M. A.: «Gastronomía, arte culinario y bebidas en las fiestas de moros y cristianos» en Revista Folklore, 394. Año 2014. Pp. 11-21.

MARTÍNEZ POZO, M. A.: «El fallecimiento de festeros en localidades con fiestas de moros y cristianos. La muerte como destino de todo ser» en Revista Folklore, n.º 403. Año 2015. Pp. 83-93.

MARTÍNEZ POZO, M. A.: *Moros y cristianos en el Mediterráneo español: antropología, educación, historia y valores*. Ed. Gami. Granada, 2015.

MARTÍNEZ POZO, M. A.: «La Alhambra romántica y el mestizaje gitano-morisco» en Revista Amarí, 4. Primavera, 2016. Pp. 12-13.

MARTÍNEZ POZO, M. A.: *Una fiesta internacional. Cascamorras. Antropología, historia, leyenda, tradición y valores*. Ed. Gami. Granada, 2018.

MARTÍNEZ POZO, M. A.: «La Mahoma. Reflexiones en torno a la actualización de tradiciones populares» en Revista Folklore, 459. Año 2020. Pp. 62-84.

MARTÍNEZ POZO, M. A.: *Andalucía, tierra de moros y cristianos*. Ed. Almuzara. Córdoba, 2020.

MARTÍNEZ POZO, M. A.: «Andalucía. La evidencia de lo invisible. Más que una fiesta» en CÁCERES VALDERRAMA, M.: Fiestas de moros y cristianos en el mundo. Tomo I. Pontificia Universidad Católica de Perú. Lima, 2021. Pp. 258-279.

MASIÁ, C.: Al-Ándalus. *800 años de lucha*. Albor Libros. Madrid, 2010.

MENDIOLA FERNÁNDEZ, M. I.: «Usos, costumbres y normas en la tradición de la minoría morisca» en Revista de Derecho UNED, número 9. Año 2011. Pp. 193-209.

MIRA CABALLOS, E.: «Cofradías étnicas en la España moderna: una aproximación al estado de la cuestión» en Hispania Sacra, LXVI. Julio-diciembre 2014. Pp. 57-88.

MIRCEA, E.: *Historia de las creencias y las ideas religiosas*, vol III: de Mahoma a la era de las reformas, Cristiandad, Madrid, 1984.

MOLINER PRADA, A.: *La expulsión de los moriscos*. Ediciones Nabla. Barcelona, 2009.

MONTEIRA ARIAS, I.: «El triunfo sobre la idolatría como victoria sobre el Islam: nuevas consideraciones sobre el caballero victorioso en el románico hispano» en Espacio, tiempo y forma. Serie VII. Historia del Arte, t. 25. Madrid, Año 2012. Pp. 39-66.

MONTSERRAT, J.: «El marco religioso del cristianismo primitivo. Reflexiones y perspectivas», en PIÑERO, A.: Orígenes del cristianismo. Antecedentes y primeros Pasos. Herder Editorial. Córdoba, 1991.

MORENO, I.: *La Semana Santa de Sevilla: conformación, mixtificación y significaciones*. Ayuntamiento de Sevilla. Sevilla, 1986.

MUJICA PINILLA, R.: «Apuntes sobre moros y turcos en el imaginario andino virreinal» en AHIg, 16. 2007.

MULLA HUECH, B.: *El Corán*. Didaco S.A. Barcelona 2004.

MÜNZER, J.: *Viaje por España y Portugal (1494-1495).* Ed. Ramón Alba, Edición Polifemo. Madrid, 1991.

ORTIZ DE ZÚÑIGA, D.: *Anales eclesiásticos y seculares de la Muy Noble y Muy Leal Ciudad de Sevilla... : que contienen sus mas principales memorias desde el año de 1246 hasta el de 1671.* Tomo V. Madrid, 1976.

PADILLA, L.: «Crónica de Felipe I, llamado el Hermoso» en Codoín, VII. Madrid, 1846. Pp.10-12.

PALMA FERNÁNDEZ, J.A.: «El Realejo: Altar mariano de Granada» en VV.AA.: Stabat Mater Granatensis. Talleres de Artes Gráficas de Cáritas Diocesana de Granada. Granada, 2021.pp. 185-2022

PEINADO SANTAELLA, R. G.: «Los moriscos y las élites dirigentes del reino de Granada a comienzos del siglo XVI» en VV.AA.: Mundos medievales. Espacios, sociedades y poder. Universidad de Cantabria. Cantabria, 2012. Pp. 1721-1730.

PERCEVAL, J. M.: *Todos son uno: arquetipos, xenofobia y racismo: la imagen del morisco en la Monarquía española durante los siglos XVI y XVII.* Almería, 1997.

PERCEVAL, J. M.: «El zancarrón de Mahoma: de pierna y otros objetos corruptos e incorruptos» en Les temps modernes, 508. París, 1988. Pp.1-21.

PERCEVAL,J.M.: «Los moriscos son expulsados todos los años» en Revista de historia, 90. Año 2009. Pp. 14-15.

PÉREZ, J.: *Los judíos en España.* Marcial Pons. Madrid, 2005.

PÉREZ, J.: *Breve historia de la Inquisición en España.* Crítica. Barcelona, 2012.

PÉREZ, J.: *Historia de una tragedia. La expulsión de los judíos de España.* Crítica. Barcelona, 2013.

PÉREZ DE HITA, G.: *Guerras Civiles de Granada.* Maxtor. Madrid, 2010.

PIÑERO, A.: *Orígenes del cristianismo. Antecedentes y primeros pasos*. Herder Editorial. Córdoba, 1991.

PIÑERO, A.: *Guía para entender a Pablo de Tarso. Una interpretación del pensamiento paulino*. Editorial Trotta. Madrid, 2015.

PIÑERO, A.: *Israel y su mundo cuando nació Jesús*. Ediciones Laberinto. Madrid, 2008.

PIÑEIRO, A.: «Epílogo» en SEGURA JAUBERT, J.: *Una mirada al pasado. Cultos mistéricos y cristianismo en el mundo griego y romano*. Editorial EUNA. Costa Rica, 2023.

PLAZAOLA ARTOLA, J.: *Historia y sentido del arte cristiano*. Biblioteca de Autores Cristianos. Madrid, 2010.

PONS FUSTER, J.: *Bernardo Pérez de Chinchón, alticalcorano, diálogos cristianos, conversión y evangelización de moriscos*. Alicante, 2000.

POUTRIN, I.: *Convertir a los musulmanes de España, 1491-1609*. Biblioteca de Estudios moriscos. Universidad de Valencia. Valencia, 2020.

RALLÓN, E.: *Historia de la Ciudad de Xerez de la Frontera*. Vol. II. Ed. A. Marín y E. Martín. Jerez de la Frontera, 1998.

REPETTO, J. L.: *Historia del cabildo colegial de Jerez de la Frontera (1246-1984)*. Jerez de la Frontera, 1985.

RINA SIMÓN, C.: *El mito de la tierra de María Santísima. Religiosidad popular, espectáculo e identidad*. Fundación Pública Andaluza Centro de Estudios Andaluces. Sevilla, 2020.

RODRÍGUEZ BECERRA, S.: *Religión y fiesta*. Signatura Demos. Sevilla, 2000.

RODRÍGUEZ BECERRA, S.: «El corpus en Andalucía. De fiesta del poder a fiesta de la identidad» en FERNÁNDEZ JUÁREZ, G. y MARTÍNEZ GIL, F.: *La fiesta del Corpus Christi*. Universidad de Castilla-La Mancha. Cuenca, 2002. Pp. 383-398.

RODRÍGUEZ BECERRA, S.: «La religiosidad popular de los andaluces: nuevas perspectivas desde Andalucía Oriental» en Boletín Centro de Estudios Pedro Suárez, 26. Guadix, 2013. Pp. 511-524.

RODRÍGUEZ, A. M.: *La huella morisca*. Colección Andalucía. Ed. Almuzara. Córdoba, 2010.

RODRÍGUEZ, A. M.: *Flamenco. Arqueología de lo jondo*. Colección Andalucía. Ed. Almuzara. Córdoba, 2018.

RODRÍGUEZ, P.: *Mitos y tradiciones de la Navidad*. Ediciones B. Barcelona, 2010.

ROTH, D.: «Vélez Blanco: el marqués, los cristianos viejos y los moriscos (1570-1610)» en VINCENT, B.: Comprender la expulsión de los moriscos de España (1609-1614). Universidad de Oviedo. Oviedo, 2020. Pp. 105-162.

RUIZ MATA, J.: *Origen e historia íntima del flamenco*. Ed. Almuzara. Córdoba, 2021.

RUIZ VARGAS, J. M.: *La memoria y la vida*. Debate. Barcelona, 2023.

SÁNCHEZ HERRERO, J.: *Historia de la Iglesia en España e Hispanoamérica*. Sílex. Madrid, 2008.

SÁNCHEZ HERRERO, J.:CXIX *Reglas de hermandades y cofradías andaluzas, siglos XIV, XV y XVI*. Universidad de Huelva. Huelva, 2002.

SANTA T de J.: *Obras completas*. Aguilar. Madrid, 1974.

SEGURA JAUBERT, J.: *Una mirada al pasado. Cultos místericos y cristianismo en el mundo griego y romano*. Editorial EUNA. Costa Rica, 2023.

SORIA MESA, E.: «Reino de Granada. Siglos XVII- 2012 Los moriscos que se quedaron. La permanencia de la población de origen islámico en la España Moderna» en Vínculos de Historia, 1. Año 2012. Pp. 205-230.

SORIA MESA, E.: *Los últimos moriscos. Pervivencias de la población de origen islámico en el Reino de Granada (siglos XVII-XVIII)*. Universidad de Valencia. Valencia, 2014.

SORIA MESA, E.: «Los moriscos que se quedaron. La permanencia de la población de origen islámico en la Edad Moderna (Reino de Granada, siglos XVII-XVIII)» en Vínculos de Historia, número 1. Pp. 205-230.

TRILLO, C.: «Religiosidad popular en el reino de Granada (s. XIII-XV)): Sufismo y Rábitas en la Alpujarra» en Finnish Oriental Society. Volumen 4. Año 2016. Pp. 71-88

VALDÉS SÁNCHEZ, A.: «La misión granadina de Maryam: la construcción de una imaginería mariana para los moriscos granadinos la versión talaveriana de la Vita Christi de Francesc Eiximenis» en Anuario de Estudios Medievales, 50/1, enero-junio de 2020. pp. 473-503.

VALVERDE TERCEDOR, J. M:: *El arte como legado. Patrocinio y mecenazgo en la Abadía del Sacro Monte. Siglos XVII y XVIII*. Granada: Universidad de Granada, 2019. [http://hdl.handle.net/10481/55754]

VALVERDE TERCEDOR, J. M.: «Una mirada introductoria al arte sacro de Granada: la Abadía del Sacro Monte como paradigma» en CRESPO MUÑOZ, F.J. y VALVERDE TERCEDRO, J.M.: La Semana Santa de Granada: un recorrido por siglos de historia. II Simposio de Historia de la Semana Santa de Granada. Delegación de Cultura Excmo. Ayuntamiento de Granada. Granada, 2019. Pp. 151-166.

VEINSTEIN G.: «Introducción» en POPOVIC, A. y VEINSTEIN, G. (COORD.): Las sendas de Allah. Las cofradías musulmanas desde sus orígenes hasta la actualidad. Bellaterra, Barcelona, 1994.

VELASCO TEJEDOR, R.: «Una perspectiva comparada de un grupo gremial de la península: los plateros de Córdoba y de Évora durante la Edad Moderna» en Baética. Estudios Historia Moderna y Contemporánea, 39. Universidad de Málaga. Año 2019. Pp. 93-113.

VEGA GEÁN, E.J. y GARCÍA ROMERO, F. A.: *Semana Santa de Jerez*. Ed. Almuzara. Córdoba, 2023.

VINCENT, B.: *Los moros del reino de Granada después de 1570*. NRFH, 30. 1981.

VINCENT, B.: *Comprender la expulsión de los moriscos de España (1609-1614)*. Universidad de Oviedo. Oviedo, 2020.

VIÑES MILLET, C.: *Granada y Marruecos: arabismo y africanismo en la cultura granadina*. Legado Andalusí. Proyecto sur ediciones. Granada, 1995.

VV.AA.: *Historia de España*. Algaida. Madrid, 1997. P. 20.

VV.AA.: *La Enciclopedia del estudiante. Religiones y culturas*. Santillana. Madrid, 2005.

VV.AA.: *Historia Universal. El origen de las grandes religiones*. Ed. Salvat. Madrid, 2004.

VV.AA.: *Historia Universal. El auge del cristianismo*. Ed. Salvat. Madrid. 2004.

VV.AA.: *Historia Universal. La expansión musulmana*. Ed. Salvat. Madrid. 2004.

VV.AA.: «Documentos relativos a los Reyes Católicos en la época de sus conquistas en Andalucía», en Codoín, XI. Madrid, 1847. Pp. 503-504.

VV.AA.: *Pasión y muerte. La historia de la Semana Santa en España*. Penguin Random House Grupo Editorial. Barcelona, 2020.

VV.AA.: *Historia general de la Semana Santa de Sevilla*. Editorial El Paseo. Sevilla, 2022.

VV.AA.: *Stabat Mater Granatensis*. Talleres de Artes Gráficas de Cáritas Diocesana de Granada. Granada, 2021.

ZAPATA GARCÍA, M.: *El Rocío*. Rodríguez Castillejo, S.A. Sevilla, 1991.